OEUVRES

DE

GUSTAVE DROUINEAU.

CONFESSIONS POÉTIQUES.

Ouvrages de M. Gustave Drouineau.

RIENZI, Tragédie en cinq actes et en vers. 1 vol. in-8.

FRANÇOISE DE RIMINI, Drame en cinq actes et en vers. 1 vol. in-8.

ERNEST, ou LES TRAVERS DU SIÈCLE, Roman. 2e édit. 5 vol. in-12.

LE MANUSCRIT VERT, Roman. 3e édition, revue et corrigée. 2 vol. in-8.

RÉSIGNÉE, Roman. 3e édition, revue et corrigée. 2 vol. in-8.

LES OMBRAGES. 1 vol. in-8. 2e édition.

L'IRONIE. 2 vol. in-8.

LES CONFESSIONS POÉTIQUES, recueil de poésies. 1 vol. in-8.

DE L'IMPRIMERIE DE CRAPELET,
Rue de Vaugirard, n° 9.

CONFESSIONS
POÉTIQUES;

PAR

GUSTAVE DROUINEAU.

PARIS.
LIBRAIRIE DE CHARLES GOSSELIN,
RUE SAINT-GERMAIN-DES-PRÉS, N° 9.
M DCCC XXXIV.

PRÉFACE.

PRÉFACE.

Ce ne sont point les événemens d'une vie obscure que je retrace ici, ce serait, de la part d'un homme jeune encore, une impudeur d'amour-propre con‑ damnable : j'ai voulu peindre seulement le travail intérieur de la pensée, son éveil, ses illusions, ses incertitudes, ses désespoirs, ses luttes, ses croyances; c'est encore l'âme qui se produit et s'exhale en chants variés comme les impressions qu'elle a éprouvées; et il y a là peut-être un but d'utilité; il se peut que de jeunes cœurs, las des agitations du doute, partagent les douces et saintes espérances que j'ai. La psychologie entre ici dans le domaine de la poésie plus qu'elle n'avait jamais fait peut-être; peut-être aussi la forme y a-t-elle un caractère qui m'est particulier. Ce n'est pas à moi d'en juger.

J'aime mieux confier à mes écrits le soin de me défendre que de parler sans cesse de moi; seulement je puis bien dire ici que je ne me laisserai point intimider par les attaques; je suis de ces hommes qu'on brise, mais qu'on ne fait pas plier. Toutefois je mettrai dans mes écrits cette modération qui naît de la force; je combattrai même le penchant que j'ai à la satire, au sarcasme; ma censure porte sur

PRÉFACE. 5

les actes, jamais sur les hommes : et qu'il me soit permis de protester surtout contre les critiques qui s'en prendraient à la sincérité de mes intentions. Il y a dans toute composition artistique une identification momentanée avec le personnage fictif; le poète exprime alors des sentimens qui ne sont pas les siens; ainsi, il fait parler le sceptique, l'athée, sans être ni sceptique ni athée : mais il règne dans un livre un ton général qui ne trompe pas, une impression qui ne saurait mentir et qui résulte de l'ensemble; le public, j'ai lieu de le croire, ne s'est jamais trompé au ton des miens; ceci soit dit pour n'y plus revenir. Parlons de l'art en lui-même.

La poésie est l'expression la plus spontanée de la pensée, aussi se colore-t-elle des images qui sont le plus sous son regard; mais, selon moi, les images ne doivent pas descendre vers la pensée et la mettre en jeu; c'est au contraire la pensée qui doit remonter aux images et s'en servir : pour avoir cette puissance, elle doit nécessairement jaillir de l'âme. La poésie qui s'attache plus aux figures extérieures qu'aux pensées, est panthéistique; on y peut trouver une grande variété de formes, y déployer beaucoup de talent, on peut éblouir, fasciner, par le luxe des mots et des images; mais à coup sûr la poésie qui émane du cœur et des émotions doit aller aux cœurs et aux émotions : le sourire attire le sourire, les larmes attirent les larmes.

Je sais que la condition de faire naître la poésie de la conscience est une condition bien rigoureuse, et qui aura peu d'imitateurs : mais elle me semble devoir servir à l'art lui-même, parce qu'elle suppose toujours indépendance dans la pensée et dans l'expression. Il se peut faire néanmoins (et cela est à désirer) que les grandes et larges bases de la poésie psychologique soient assises, consacrées; et que les poètes, d'accord sur ces données si importantes, conservent leur liberté d'artistes dans la forme. Ainsi point d'école à former, mais de l'indépendance à propager, voilà mon but en poésie.

Les écoles dans les arts m'ont toujours semblé dangereuses : les adeptes ne travaillent guère que pour la plus grande gloire du chef, qui fait une loi de l'imitation; alors tout s'éteint, et l'originalité et la dignité de l'artiste. En philosophie, en religion, c'est différent; on doit même désirer que les opinions qu'on a se propagent tout en laissant à ceux qui les adoptent la faculté de se les approprier dans le développement littéraire.

On a trop long-temps imité les allures poétiques de lord Byron; ce recueil aura du moins le mérite d'être en opposition manifeste avec la poésie de l'illustre auteur de *Don Juan*. Ici le doute n'est qu'un travail pour remonter à la foi; si la douleur y jette un cri de désespoir, elle regarde vite au ciel pour s'y consoler. L'idéal est l'aliment nécessaire du réel : l'artiste qui en verse à plein cœur à la société est un être essentiellement malheureux ; de cette contemplation il retombe dans le désenchantement de nos réalités : rien n'y répond à ce qu'il conçoit; mais l'artiste, s'il est vraiment digne de ce titre, ne se décourage pas; il continue à répandre son âme et sa vie dans ce monde railleur, et n'attend justice que de la postérité.

Paris, 10 décembre 1833.

＃ INTRODUCTION.

Qu'importe un nom de plus aux pages de l'histoire?
Qu'importe un nom de plus à jeter en passant
A ce torrent de voix que nous nommons la gloire,
  Et qui nous flatte en menaçant?
Qu'importent ces lauriers dont les siècles se jouent?
L'histoire de ce monde est un flux et reflux,
Un naufrage de noms qui tour à tour échouent...
  Qu'importe un nom de plus?

Oh! moi, je ne viens pas demander à ce monde
Une part des rumeurs qui bourdonnent en lui;
Je ne viens pas rouvrir ma blessure profonde
    Pour amuser son fol ennui;
Je sais sous quels marteaux tant de gloires résonnent,
J'ai mesuré ces noms l'un sur l'autre montés,
Et je connais les mains qui d'heure en heure sonnent
    Ces immortalités.

Ma voix courtise peu ces fabriques d'éloges
Où la célébrité se tarife à tout prix,
Du cirque social j'ai regardé les loges,
    J'y combats armé de mépris,
Armé d'amour aussi!... J'y déploîrai mes ailes,
De l'invisible esprit présent mystérieux;
La fange sèche vite aux flammes immortelles
    Du pur soleil des cieux.

A voir l'humble vertu jouet de cette terre,
Où le vice brillant usurpe tout l'enjeu,

INTRODUCTION.

La colère en mon cœur s'allume involontaire,
  Déborde et coule à flots de feu;
Puis le brûlant sarcasme en passant sur ma bouche
S'éteint comme un charbon épurant les douleurs;[1]
Soudain ma voix mollit et la pitié me touche,
  Je n'ai plus que des pleurs.

Je n'ai plus que des pleurs pour qui trouble sa vie
A ces rêves ardens éclipsant les plaisirs,
Je n'ai plus que des pleurs pour toute âme asservie
  Qui n'élève pas ses désirs;
Si vous fermez les yeux à la sainte lumière,
Lorsque s'étend sur vous une nuit de douleurs,
Et si vous repoussez l'amour de la prière,
  Je n'ai plus que des pleurs.

Ma voix s'élève, monte et la pitié l'inspire;
La foi donne souvent des ailes à l'esprit,

---

[1] Ésaïe.

Alors on croit qu'on chante aussi bien qu'on respire,
  Comme on aime, comme on sourit;
Ce n'est plus des grands mots la riche fantaisie
Déployant son prestige éclatant ou moqueur;
C'est un souple parler, naïve poésie,
  Qui se plaît dans le cœur.

— Es-tu poète? En toi que faut-il qu'on admire?
Au tourbillon des jours quelle est ta mission?
Ta tente s'ouvrit-elle au désert de Palmyre?
  Dieu te parlait dans Sion?
Vis-tu briller un signe aux campagnes de Rome?
Ton horloge de mort sonne-t-elle un demain?
Et ne la vis-tu pas, au dernier jour d'un homme,
  S'arrêter sous ta main?

— Je n'ai point parcouru les villes d'Italie,
Ni la Suisse aux sommets par la neige argentés,
Ni Sion, ni les bois du val de Thessalie,
  Ni le Tage aux bords enchantés;

INTRODUCTION.

Je n'ai point parcouru les provinces de France,
Ni Rome, où du granit le brin d'herbe est vainqueur;
Mais d'un œil assidu regardant ma souffrance,
   J'ai parcouru mon cœur.

J'ai visité souvent le fond de ma pensée,
Afin d'en découvrir et la cause et le but,
Et, seul, j'encourageais ma fierté délaissée
   A languir, auguste rebut;
J'ai visité mon âme et ses profonds mystères,
La joie et le chagrin ont parlé devant moi;
Mais je n'ai point compté mes larmes solitaires,
   Elles ont fait ma foi.

De l'abîme du cœur j'ai vu ma poésie
S'élancer éloquente et belle de ses pleurs,
Vierge au corps diaphane, aux baisers d'ambroisie,
   Dont l'œil fascine les douleurs;
Elle va recueillir les sucs de la science,
Rêveuse, des mourans étudier l'adieu,

D'un scalpel idéal ouvrir la conscience,
> Et s'enivrer de Dieu.

Fille de l'Océan, éprise de ses grèves,
Elle a des matelots retenu les chansons,
Dans les brises du soir rafraîchissant ses rêves
> Des flots elle animait les sons,
Car la mer a des voix, hymne agitée, immense,
Qui chante la tempête, ou le calme, ou la mort...
A qui la voit dormir où l'horizon commence,
> C'est l'infini qui dort.

Ma poésie alors sur des rochers assise
Pensa que l'on conçoit comme on peut admirer,
Et, ne comprenant pas, inquiète, indécise,
> Se prit follement à pleurer :
La pauvre enfant croyait que la vie a des charmes,
Que la gloire, écho vaste, enchantait les instants,
La pauvre enfant croyait qu'on tarirait ses larmes :
> Elle pleura long-temps.

INTRODUCTION.

Si le bonheur lui rit, comme vite elle essuie
Ces pleurs qui de sa vie ont assombri le cœurs;
Dès les premiers rayons qui brillent dans sa pluie,
    Comme elle croit vite aux beaux jours!
Comme elle embellit tout des fleurs de sa couronne!
Tout scintille à travers des plis de gaze d'or;
Son cœur bat, l'avenir au lointain lui rayonne;
    Elle prend son essor.

Mais au bord de la mer un humble grain de sable
Se plaint-il de ne pas voguer près des vaisseaux?
Le rocher n'a-t-il pas, comme lui périssable,
    Disparu dans le fond des eaux?
La gloire est un manteau que se prépare une ombre,
C'est l'immortalité d'un son vibrant dans l'air.
L'éclair ne rend-il pas l'obscurité plus sombre?
    Arrêtez donc l'éclair.

— Aussi ma poésie aime les toits de chaume,
Prend pour trône un caillou, pour ombrage une fleur;

D'un mot dit en passant peut créer un royaume,
Ou de plaisir ou de douleur;
C'est l'enfant épiant la vive demoiselle
Qui se pose, émeraude, au sommet d'un roseau;
C'est l'aigle dans les cieux, ou l'agile hirondelle
Dont le vol rase l'eau.

Comme elle je me plais au foyer domestique,
Le long des lacs dormeurs, le long des flots mouvans,
Et parfois, quand hurlait l'orage frénétique,
J'allais lutter contre les vents;
Comme l'aigle aspirant aux sources du tonnerre,
Mon esprit, secouant les langueurs du sommeil,
S'élance, puis, lassé du soleil de la terre,
Cherche un divin soleil.

Ah! si j'étais un jour le Raphaël de l'âme,
Si je la comprenais dans le sein agité,
Et si, pour l'ennoblir, je rappelais la femme
A l'idéal de la beauté;

INTRODUCTION.

Si je communiquais ce doux besoin de croire,
Si du moderne amour j'animais le flambeau,
Et si, pour tout bonheur quelques rayons de gloire
    Brillaient.... sur mon tombeau.

La gloire! non des pleurs! mon âme inguérissable
A soif d'un pur bonheur qui me fuit, moi lassé;
Les terrestres plaisirs comme l'eau dans le sable
    En mon cœur auront-ils passé?
Oh! qui me versera ces gouttes d'ambroisie
Dont j'ai pu savourer le court enivrement?...
La tombe l'a brisé.... Viens à moi, poésie;
    Viens, sublime tourment.

Que ce noble tourment ait l'espoir d'être utile!
Épris d'un ciel plus beau, qu'il agite mes ans!
Si d'un cœur dévoué la douleur est fertile,
    Que ma douleur vive long-temps!
Qu'elle s'élève et pleuve en fécondes pensées,
Qui coulent à des cœurs par le luxe endurcis,

Aux pauvres, oubliant leurs âmes affaissées,
  Et sur la borne assis;

A ceux qui du pouvoir cuvent l'altière ivresse,
A qui veut relever ce triste monument
Qui des sociétés accusant la détresse
  Croule de moment en moment!...
Voici ma pierre, à moi, neuve et vierge de lierre,
Au monument nouveau nul ne doit être exclus...
Mais à quoi bon graver mon nom sur cette pierre?
  Qu'importe un nom de plus?...

—Un nom! c'est un garant pour les écrits de l'homme,
Il faut en renouer le culte interrompu;
Vouloir qu'avec mépris on le cite, on le nomme,
  C'est d'un cœur vil et corrompu:
Un nom! c'est un drapeau plus beau par la poussière,
Les balles et les coups dont il peut être atteint;
C'est un phare immortel qui prend plus de lumière,
  Quand le corps est éteint.

LIVRE PREMIER.

ILLUSIONS.

PREMIERS SOUVENIRS.

A mon ami Théodore Méneau.

I.

Qu'on aime à respirer la rose de la vie,
Lorsque, bouton vermeil, elle s'ouvre ravie,
Aux premières douceurs, aux molles voluptés
Que versent les soleils précurseurs des étés!
Ce bouton qui rougit, c'est notre adolescence,
La sève y monte et bout, suave effervescence,

Si les illusions en corrigent l'ardeur
Par leur charme enivré d'amour et de candeur,
Animé par la foi, voix ineffable et tendre,
Qu'on écoute par l'âme.... Heureux qui sait l'entendre,
Car la foi se répand des cieux sur les coteaux,
Sur les jeunes soupirs, sur les bois, sur les eaux,
Sur les quinze ans naïfs de la vierge qu'on aime....
La foi! tout semble pur et beau comme elle-même.

En ces doux souvenirs, oh! que d'attraits puissans!
Qu'ils réveillent le cœur et ravivent les sens!
Descendant pas à pas vers la froide vieillesse,
On aime à s'arrêter pour rêver sa jeunesse,
Et rebâtir sa vie au paternel séjour
En disant grain par grain son chapelet d'amour.

Moi qui, me nourrissant de cette humble ambroisie,
Ai dans le cœur humain puisé ma poésie;
Moi qu'un peu de soleil, un sourire, une fleur,
Consolent, fatigué de traîner ma douleur,

Je vais à mon passé, j'y cherche ces images
Qui m'avaient apparu comme l'étoile aux mages.

Eh! qui n'a point pleuré ces sentimens si frais,
Si vierges, si touchans, si purs de tous regrets,
Éclos sous les regards de la première femme
Qui nous apprit l'amour, heureux éveil de l'âme?
— Alors on ne prévoit ni vêtemens de deuil,
Ni sanglots au chevet, ni bruit sourd du cercueil,
Qui se ferme à jamais sur la tête glacée
Et sur deux yeux éteints où vivait la pensée.

Si novice qu'il soit, l'amour a des tourmens;
— Je couvais au hasard mes vagues sentimens,
J'aimais à regarder l'aubépine fleurie,
A marcher nonchalant à travers la prairie;
Échappé du collége, à loisir j'y rêvais.
Le collége!... on le vante; eh bien, moi, je le hais!
Des temps grecs et romains on y vend les mensonges,
On allaite l'orgueil, on y pèse des songes,

On attache la gloire aux pompes d'un écrit,
D'une ardente chimère on nous brûle l'esprit,
A mesurer des mots on épuise nos veilles,
Et, tout empoisonné de ces fausses merveilles,
On nous jette sans frein dans la société,
Brisant de jour en jour notre idéalité,
Qui, par tant de cœurs durs lasse d'être honnie,
Peut de son désespoir heurter leur ironie.

Si mon jeune horizon se déployait moins noir,
C'est que je regardais au prisme de l'espoir ;
C'est que l'illusion magnifique et sereine,
Dans mes rêves d'alors se promenait en reine ;
Et c'est qu'au Fort-Louis, épiant leur réveil,
J'allais me fasciner des rayons du soleil,
Qui, diamans de feu sur les flots indociles,
Argentaient au lointain la ceinture des îles.
Les rochers étendaient leurs blanchâtres frontons,
La baie en s'enfonçant découpait ses festons,
Les barques devant moi passaient dans l'étendue ;
En ces immensités mon âme suspendue,

Au Dieu qui colorait les plantes sous mes pas
Offrait son vague instinct, qui ne comprenait pas;
Ou seul, me promenant de falaise en falaise,
Je voyais manœuvrer l'active escadre anglaise
De nos forts assoupis habile à s'approcher;
Et que j'aimais à voir les boulets ricocher
Autour de la péniche, au long remous de lames,
Berçant les matelots inclinés sur leurs rames!

Le dimanche j'allais à l'église; le soir,
Quand les parfums bénis brûlaient dans l'encensoir,
Elle priait, et moi me tenant en arrière,
Je disputais à Dieu l'ardeur de sa prière.
Qu'ils sont beaux, à seize ans, les dimanches d'été!
Que la campagne rit à votre œil enchanté!
Comme il est savoureux ce limpide laitage
Qu'on boit en aspirant la fraîcheur de l'ombrage!
L'hiver, on danse, heureux de lui presser la main,
Vivant de ses regards, bonheur du lendemain.
Quel trouble à dérober la fleur qu'elle a cueillie
Et qu'en vous la montrant près de vous elle oublie!

Oh ! comme ils sont remplis ces précoces amours,
Où rien ne fut donné que d'espérer toujours !

Vieil Homère du nord, tes brumeuses images
D'un combat fantastique animaient les nuages,
Quand, au bord de la mer lisant par un temps gris,
L'hydromel de tes chants m'enivrait les esprits;
Ossian, j'écoutais tes sonores mêlées,
Tes femmes aux tombeaux pleurant échevelées,
La voix du barde absent leur semblait retenir
La part des guerriers morts aux voix de l'avenir;
Et des bardes alors j'admirais la puissance,
Leurs paroles de paix, hymnes de renaissance,
Sacerdoces debout aux pierres des tombeaux,
Dans la nuit de l'orage intrépides flambeaux.

Ennuyé des travaux d'une incertaine étude,
Je me sentais parfois saisi d'inquiétude :
Nuit close, quand la pluie aux vitres ruisselait,
Et que le vent d'ouest en mugissant soufflait,

Négligeant ma lecture et m'appuyant la tête,
Avec recueillement j'écoutais la tempête ;
Près de moi, j'entendais comme une étrange voix,
Ma lampe s'agitait et s'éteignait parfois ;
Cette lugubre voix, renaissant obstinée,
Me semblait par momens plaindre ma destinée.
— Mais ces bulles d'effroi s'évaporaient dans l'air,
Et quand mon océan d'un soir paisible et clair
Réflétait les splendeurs sur la vague endormie,
Quand une attention de mon espoir amie
Souriait tendrement à mes premiers essais,
Alors un avenir tout peuplé de succès
Se dessinait à moi comme un lointain mirage !
Ravissante amitié, qu'était-il ? Ton ouvrage !
Que je t'ai bien comprise ! et qu'il savait aimer !
Toujours mêmes désirs nous venaient animer :
L'un achevait la phrase à peine commencée,
L'autre de son ami devinait la pensée.
Pourquoi cette amitié survit-elle aujourd'hui ;
C'est que lui c'était moi, c'est que moi c'était lui.

Solitaires parfois, loin de nos camarades,
Nous allions contempler le mouvement des rades,
Les îles, les pertuis de voiles parsemés,
Et plonger dans les flots de sels tout parfumés.
Mais les brouillards planant sur nos côtes pelées,
De la cloche du soir les mourantes volées,
Le crépuscule ardent qui, jaillissant des eaux,
De sa teinte changeante empourprait les vaisseaux;
La base de nos tours par les vagues mouillée,
De son luxe de gloire à présent dépouillée,
Venise d'occident, veuve de ses grandeurs,
La ville se parant de ses vieilles splendeurs;
De notre phare éteint la flèche aérienne;
Jadis reine des mers aujourd'hui plébéienne,
La cité deux cents ans fière de murs épais
Que Richelieu brisa de son baiser de paix;
Le commerce accueillant sa tristesse polie,
Ces tableaux allaient bien à ma mélancolie!
— Et parfois, tout un soir, sur des rochers assis,
J'ai regardé la mer, les tours et les glacis.

LES TAPISSERIES.

II.

J'aimais la Fête-Dieu, son cortége mystique,
Ces roses, ces bluets, qu'on lançait vers les cieux,
La foule des chrétiens sortant par le portique,
Les cloches, les canons, les chants religieux,
Les paroisses marchant auprès de leur bannière,
Les brillans reposoirs, les croix du Rédempteur,

Et l'encens qui brûlait, parfum de la prière;
Et le ciel me versait un espoir enchanteur.

J'aimais ces jeunes voix, musique vierge et tendre,
Que la communion sanctifiait encor,
Chantant de saints versets qu'on se plaisait d'entendre;
J'aimais ce vaste dais aux belles franges d'or,
Les éclats des tambours et puis cette harmonie
Dont le contraste doux s'élevait par momens;
Je croyais que la terre au ciel était unie,
Et qu'un Dieu comprenait les purs gémissemens;

Et lorsque, remplissant l'immense place d'armes,
Le cortége épandait sa sainte majesté,
Quand le recueillement parfois mêlé de larmes
Attendait à genoux, humble en sa piété,
Quand au bruit du canon qui saluait la fête,
Du haut du reposoir notre évêque adoré (1)
De ses tremblantes mains élevait sur sa tête
Le prestige lointain du calice doré;

Quand tout s'agenouillait, hommes, vieillards et femmes,
Jeunes filles, enfans, par un instinct d'amour,
Quand la solennité, rayonnant dans les âmes,
Semblait de plus d'éclat empreindre aussi le jour,
En mon cœur de dix ans mon sang coulait plus vite,
Mon genou frissonnant sentait le sol frémir;
Ma voix s'embarrassait d'une plainte subite....
Déjà, pour moi, prier ce n'était que gémir.

J'allais, dès le matin, errant de rue en rue,
Admirer les tapis aux porches attachés,
Seul au sein de la foule aux carrefours accrue,
J'en cherchais les sujets à mon savoir cachés;
Immobile devant les inégaux portiques,
J'étais plus d'une fois heurté dans mon chemin,
Je ne devinais pas les légendes gothiques,
Et pourtant j'y songeais encor le lendemain.

Par un beau jour d'été je voyais aux arcades
Suspendre les tapis de palmes embellis,

L'obélisque parer le bord des promenades,
Et de notre drapeau des fleurs orner les plis;
La mer avec orgueil semblait mouiller la rive;
La ville rayonnait, on eût dit le saint lieu
Et le jour des Rameaux, quand Jésus-Christ arrive,
J'allais, et je disais : « Est-ce la Fête-Dieu? »

— Celui qui va venir est fils de son épée,
Celui qui va venir est créateur de rois,
Celui qui va venir à la France trompée
A jeté de la gloire en lui volant ses droits;
Il connut l'indigence, et ce fougueux génie
Qui semble dans lui seul avoir mis son appui,
Ne mesurant jamais sa pensée infinie,
Ne s'étonne de rien, non, pas même de lui.

C'est de l'égalité le redoutable apôtre, (2)
Il sème autour de lui ses prodiges de feu,
Il sort d'une victoire et marche vers une autre :
Démolir un royaume est pour sa main un jeu.

Il décrit le succès quand le combat commence ;
Il lance à qui résiste un décret souverain,
Fond les canons vaincus dans la fournaise immense,
Et fait monter sa gloire en colonne d'airain ;

Quand il court à cheval en des flots de fumée,
Impassible et de bronze à des scènes d'horreur,
La foi qu'il a dans lui passe dans son armée,
L'hosanna des soldats, c'est : Vive l'Empereur !
Il enjambe les monts; sous la frêle enveloppe,
Jamais dans ce péril son cœur n'a palpité;
Toujours par la pensée il a pétri l'Europe :
Que le ciel ait sa foudre, il a sa volonté !

Qu'il eût été plus grand si, soldat consulaire,
Semeur d'indépendance, au galop emporté,
Des léopards jaloux muselant la colère,
Il eût sur la Victoire assis la Liberté!
Mais se voyant au faîte, il fut pris d'un vertige,
On rampait; il se dit : Qu'est-ce donc que je crains?

Lui-même il s'adora comme un divin prodige ;
L'orgueil le fit descendre au rang des souverains.

Juif errant couronné, tourmenté par lui-même,
Chassant la Liberté, notre Christ idéal,
Il porta quatorze ans son sublime anathème ;
Du démon des combats il s'élança féal,
En vain de tous côtés on lui criait : Arrête !...
Il allait, fasciné par un but décevant,
Il allait, ayant soif toujours de la conquête :
« Une victoire encor, disait-il ; en avant ! »

L'Italie, en avant ! — Te la voilà soumise.
— Pour vaincre l'Angleterre, en Égypte, Français !
L'Orient ! l'Orient ! c'est ma terre promise ;
Peuplons tout l'Orient de magiques succès !
Les Mamelouks ont fui sur leurs chevaux numides,
Le simoun du désert est un enfer mouvant,
Et tout dort immobile autour des pyramides. (3)
La France est menacée, on l'attaque ; en avant !

— En avant! Marengo! Desaix meurt! — à l'Autriche!
Elle signe avec Londre un traité menaçant,
En victoires pour nous cette contrée est riche;
Bien, de Vienne à Berlin nous irons en passant.
Mes frères, il vous faut maintenant des couronnes,
Vous régnerez par moi, vous m'écrirez souvent :
A mon trône sacré je veux souder vos trônes.
Je t'en dois un, Joseph! en Espagne! en avant!

— En avant! et toujours il reprenait sa course,
Consommant des soldats, écrasant des chevaux;
Toujours il avait soif, toujours fuyait la source;
Il s'en allait broyant tous les sceptres rivaux.
Par Essling et Wagram il retournait à Vienne,
S'attacher aux Césars par un nœud décevant
— Louise, de l'amour; ta bouche sur la mienne;
Un fils! — mais la Russie... il faut vaincre! en avant!

En avant!... Polonais, n'attendez rien d'un trône
Où de quatre-vingt-neuf le destin s'entrava;

Jamais la Liberté ne demanda l'aumône....
Fustigé par sa gloire, il va, toujours il va.
Il traverse Smolensk de débris parsemée ;
Pour saisir l'ennemi qui s'échappe souvent
Il ouvre les grands bras de son immense armée,
Et soudain l'ennemi disparaît..... En avant!

A Wilna, sur sa table il jette son épée....
S'arrête-t-il enfin?... Il reprend son essor.
Où va-t-il? A Moscou! Dès qu'elle est occupée,
Il médite la paix.... pour conquérir encor ;
C'est dans l'Inde qu'il veut accabler l'Angleterre...
On frappe; c'est le feu, c'est l'hiver, c'est le vent,
C'est la neige, linceul des corps roidis à terre ;
Calme, il montre la France, et s'écrie : En avant !

En avant pour Lutzen avec sa jeune armée !
Mais à force de vaincre il s'épuise; ils sont trop !
Puis vers la France encor qui s'agite alarmée,

Par une autre victoire (*a*) il retourne au galop.
L'Europe est contre lui ; plus rapide il s'élance :
Tous ces rois effrayés reculaient bien souvent !
—Paris est pris!—N'importe! En avant!—Quel silence !
Aucun des généraux ne répond : en avant !

En avant ! a-t-il dit en partant de son île ;
De clochers en clochers l'aigle soudain vola ;
Mais à la Liberté l'aigle fut indocile,
Au champ de Waterloo son dernier sang coula.
La prison sans repos ! Il l'eut à Sainte-Hélène,
Homicide cachot d'un climat énervant ;
Il disait à la mort qui glaçait son haleine :
« France !.. Tête d'armée !.. »—Et la mort : « En avant ! »

— Je ne mesurais pas sa vaste destinée ;
Je savais seulement qu'il était l'empereur,

(*a*) Hanau.

Qu'il faisait chez les rois, d'une course obstinée,
De combat en combat, voyager la terreur;
Je savais que la gloire organisant nos fêtes,
La Victoire toujours le suivait pas à pas;
Et quand, six ans plus tard, on m'apprit nos défaites,
J'écoutais les récits et ne comprenais pas.

Le voici, le voici ! suivi d'un long cortége;
Il passe, recueilli dans son contentement,
Avec ce beau regard qui charme et qui protége,
Noble éclair de génie et de commandement.
On se presse, on accourt : c'est lui ! Le canon gronde,
Unissant à la fois le salut et l'adieu;
Car il part, galopant pour conquérir le monde :
Peu de chose manquait à cette Fête-Dieu.

Enfant, je fus témoin de ces cris d'allégresse,
De ces bruyans transports que son geste accueillait,
De cette majesté d'une indicible ivresse,
Sur des bords radieux que l'Océan mouillait;

J'admirais ces tapis étalés à la fête
Du calice divin porté hors du saint lieu,
Et, voyant adorer le Dieu de la conquête,
Je me disais : « Est-il plus grand que l'autre Dieu?... »

On dépouilla les murs de ces tapisseries,
Et l'ardente ferveur s'apaisa par degré :
Les guirlandes tombaient à moitié défleuries,
Le peuple en son silence était enfin rentré ;
J'errais, et j'entendais déplorer sur ma route
La mort de nos soldats en Espagne surpris ;
Et quand la nuit du ciel vint éteindre la voûte,
Mon pied heurtait des fleurs et des lauriers flétris.

LES TOITS.

III.

Sur le toit des maisons j'aimais à me coucher,
Et je sentais de moi les cieux se rapprocher :
  Bizarre et douce fantaisie !
J'aimais à regarder les clochers et les tours,
De la rue en rêvant je suivais les détours ;
  Les toits, c'était ma poésie.

D'un cercle de jardins l'air montait embaumé ;
La ville s'étendait sous mon regard charmé
    Par un soleil riche en lumière ;
Couché, je contemplais l'éclat du firmament
Dont l'azur infini rayonnait mollement.....
    N'étai tce pas une prière ?

Le bruit de la cité sous mes pieds bourdonnait,
La cloche dans l'espace en tintant résonnait,
    Ou lançait de longues volées ;
En de vagues desseins souvent je me perdais,
Et les sourdes rumeurs que toujours j'entendais
    A mon âme semblaient mêlées.

Que de soldats lancés sous le feu du canon,
Que de vierges pleurant, que de formes sans nom,
    Que de fantastiques images,
Que de géans hideux, que d'épais bataillons,
Que de vaisseaux heurtant leurs mâts, leurs pavillons,
    J'apercevais dans les nuages !

LES TOITS.

Tout devenait spectacle à mon recueillement :
L'ardoise scintillante au toit d'un monument,
    Les vapeurs sur les cheminées,
La mouette des mers sur ma tête volant,
Et des feux du midi tout le ciel ruisselant,
    Ou quelques pâles graminées.

Le péril me charmait : Au bord glissant du toit,
Que regardais-je ainsi debout sur l'angle étroit?
    Était-ce la verte charmille?
De la Tour et du Temple étaient-ce les débris,
Ou des rosiers en fleurs le suave pourpris?
    Oh non! c'était toi, jeune fille!

Toi, douce et ravissante, en promettant l'amour ;
Bouton s'ouvrant à peine au tiède éclat du jour,
    Blonde et de toi-même ravie !
Pour ces regards, Louise, empreints d'un tendre émoi,
Et ces aveux d'amour que j'y rêve pour moi,
    Cent fois j'exposerais ma vie.

A l'église en passant je te verrai demain ;
Et, sans doute au retour, ma main pressant ta main,
 J'écouterai ta gronderie.
Pour prix de mon danger il me faut un espoir :
La longue allée est sombre, y viendras-tu, le soir,
 M'enivrer de ta voix chérie?

Au collége, vois-tu, je suis grondé pour toi ;
Car je n'entends jamais ce qu'on lit devant moi,
 Je néglige mon devoir même :
Quand Horace me dit ses folles voluptés,
Quand Virgile me peint ses fraîches déités,
 C'est toi, c'est toujours toi que j'aime.

Je le sens bien, des vers le charme est décevant ;
Tu brûles dans mon sein comme un désir vivant,
 Je mériterai ta colère ;
A pardonner l'amour l'amour est toujours prompt.
Si les lauriers des prix te plaisent sur mon front,
 Je les aurai tous pour te plaire.

LES TOITS.

Demeure à la fenêtre; encor quelques instans;
Le crépuscule encore a des jets éclatans;
　　Mais ta tête vers moi se penche....
La cloche sonne-t-elle une prière à Dieu
Ou l'ennui d'une classe?... Adieu, Louise, adieu!
　　Demain c'est notre heureux dimanche.

BROUILLARD

AUX BORDS DE LA CHARENTE.

✸

IV.

Lorsque les bords de la Charente
  Aux flots dorés
Des reflets de la lune errante
  Sont colorés,
Quand ce demi-jour qui sommeille
  Sur le gazon
S'harmonie au vent qui s'éveille
  A l'horizon;

Si la luciole illumine
>> Les longs rameaux
De la plante en fleurs qui s'incline
>> Au bord des eaux,
Si des jasmins au loin parfument
>> L'air enchanté,
Et si les étoiles allument
>> La nuit d'été ;

On jouit mieux de sa jeunesse
>> Et d'un beau soir,
L'illusion qui vous caresse
>> Crée un espoir ;
On goûte la fraîcheur chérie
>> Que fait le vent,
La main se joint, le regard prie
>> En s'élevant.

On voudrait au brillant abîme,
>> Azur des cieux,

Attacher un regard sublime;
  Là, radieux,
Notre soleil couve la foudre
  Sur les humains,
Et féconde jusqu'à la poudre
  De nos chemins.

On pressent cette Intelligence,
  Ame du tout,
Des soleils réglant la semence
  Qui tourne et bout;
Lumière fertile, profonde,
  D'où Jéhovah,
Sur un orbite lance un monde
  En disant : « Va. »

Souvent des bords de la rivière,
  Où je rêvais,
Vers cet océan de lumière
  Je m'élevais.

Pauvre professeur, au collége
Que je souffrais!...
Mais comme le chagrin s'allége
Quand l'air est frais!

Je disais : « Qu'un soleil se lève
« A mon regard,
« Qu'il brise et de ma vie enlève
« Ce noir brouillard;
« Il m'a voilé des espérances
« Qui sont tout moi. »
Et pour consoler mes souffrances
J'avais la foi;

La foi qui bâtit des merveilles
Sur un néant,
Qui, de nain grandi par les veilles,
Vous fait géant;
Porte les monts, dans l'Idumée
Brille étendard,

Et franchit avec une armée
  Le Saint-Bernard.

Je vivais par mon espérance,
  En mes ennuis,
Je méditais ma délivrance
  Durant les nuits;
Comment brillerait cette aurore?
  Je m'y perdais,
Mon jour ne venait pas encore;
  Mais j'attendais.

Un soir, je m'assis, solitaire,
  Sur un coteau
Qui couronnait de son mystère
  Le bord de l'eau;
Un grand bois prolongeait son ombre
  A mon côté,
La nuit épandait, triste et sombre,
  Sa majesté;

BROUILLARD

Lorsque soudain sur la Charente (1)
    Un long brouillard
Traîna sa masse transparente
    Sous mon regard;
Dans le vallon, vaste corbeille,
    Il remonta,
Puis comme une mer qui sommeille
    Il s'arrêta.

De cette immense vapeur grise
    Qui fermentait
La lune semblait être éprise,
    Et l'argentait;
C'était la mer, paisible et plane,
    Dormant le soir,
Quand sa surface est diaphane
    Comme miroir.

J'entendais au loin dans l'espace
    Bruire l'eau

AUX BORDS DE LA CHARENTE.

D'un courant qui descend et passe
  Près du coteau;
C'était le flot qui sur la grève
  Bat mollement,
Et nous jette d'un léger rêve
  L'enchantement.

Lors, je songeais à ma patrie,
  A cette mer
Où je combattais la furie
  Du flot amer;
Je m'aventurais à la nage
  Sans nul émoi,
Laissant le blanchâtre rivage
  Fuir loin de moi.

Je m'y bâtissais une gloire,
  Un avenir;
Je ne cessais jamais d'y croire,
  D'y revenir;

A moi la vision naïve
S'en dessinait,
Et mon espérance attentive
Y moissonnait.

Là s'élevait la maisonnette,
Non loin du bord,
Qui me riait, humble retraite,
Ombrage et port;
J'y goûtais près de jeune femme
Plus d'un beau jour,
Car j'y respirais par son âme
Et son amour.

Des travaux, des soins, le théâtre,
Des chants, des vers,
Et le doux causer près de l'âtre
Dans les hivers;
Dans l'été quelque frais ombrage,
Modeste lieu,

AUX BORDS DE LA CHARENTE. 65

Où rafraîchir notre courage
    En louant Dieu.

Partout la vision charmante
    Prend mon regard....
Mais le long brouillard qui fermente
    S'agite et part;
Plus d'océan! il s'évapore,
    Voile incertain....
Et le collége était encore
    Dans le lointain.

LA
PIERRE-LEVÉE.

V.

Il est des heures de silence
Où l'âme se replie en soi ;
De la douleur l'hymne s'élance
Et de l'espoir le cri de foi ;
Il est des heures solitaires,
Où, pour témoins ayant les cieux,

Se recueillant dans ses mystères,
L'âme s'écoute et s'entend mieux.

C'est le matin, quand la rosée
En perles scintille aux rameaux ;
La nature plus reposée
Vous imprègne de son repos ;
L'air est frais, suave, sonore,
Les oiseaux chantent mollement,
La vapeur monte et s'évapore ;
Tout est calme et recueillement.

La douce et limpide lumière
Qui se glisse en obliques jets,
En rayonnant dans la clairière,
Ondule et vêtit les objets,
Si l'atmosphère vaporeuse
Vient accidenter le lointain ;
On aime sous l'allée ombreuse
Et l'espérance et le matin.

LA PIERRE-LEVÉE.

※

C'est le soir, quand la cloche sonne
  Dans les grands bois,
Tintement lent et monotone
  Rempli de voix;
C'est le soir, dont les harmonies
  Vont murmurant,
Belles des teintes infinies
  Du jour mourant;

C'est le soir, dont l'ombre incertaine
  Fait tant rêver,
Voile de vapeur lointaine
  Lent à lever....
Qu'est-ce que l'âme affaissée
  Qui s'en ira?
Un crépuscule de pensée!
  Le jour viendra.

LA PIERRE-LEVÉE.

C'est la nuit, c'est la nuit majestueuse et sombre,
Déployant dans les cieux son sublime manteau
De mondes tacheté.... Dieu seul en sait le nombre !
On en soulève un coin quand on entre au tombeau.
Nulle vivante main ne l'a touché.... qu'importe !
L'esprit humain toujours monte vers l'infini,
Newton même y heurta cette raison si forte
Dont le ressort puissant retomba désuni.

La nuit, leçon de Dieu nous montrant l'empyrée,
But, désespoir, désir, où toujours nous allons,
Où notre vanité sans relâche attirée,
Des fragmens du savoir forme des échelons ;
Après un peu de temps, chaque échelon se brise,
L'infini fuit toujours, et toujours notre orgueil,
Entraîné par notre âme avidement éprise,
S'épuise à le sonder, sans dépasser le seuil.

LA PIERRE-LEVÉE.

Un soir, j'étais à ces pierres-levées
Vieux souvenirs de nos aïeux gaulois,
Tombes du sol pesamment élevées
Aux chefs puissans qui leur donnaient des lois;
Lors, je vins à songer à ce peu que nous sommes,
A la nuit qui tombait pleine de majesté,
A ces rudes travaux que s'imposent les hommes
Pour cacher leur inanité.

Puis je compris mieux cette gloire,
Ces soins, ces immortalités
Et ce culte des noms dont le temple est l'histoire,
Où passent les sociétés;
Je sentais mieux le désir d'être utile,
Dont on porte le germe en soi,
S'échauffer, devenir fertile
Au sacré soleil de la foi;
A mon avide intelligence
Nuls fardeaux ne semblaient pesans....
Mais comment porter l'indigence,
Qui pesait sur mes jeunes ans?

LA PIERRE-LEVÉE

Et, prolongeant ma rêverie,
Je regardais le bloc du granit colossal,
Étendu lourdement, abrupte seigneurie,
Sur son triple support, immobile vassal :
« Quelle force, disais-je, ici t'a soulevée,
Pierre immense au sol enlevée ? »
Soudain je vois un mot à ses flancs incrusté,
J'approche, et je lis : — « Volonté. »

LA
BRANCHE DE JASMIN.

VI.

Sur le cap Sunium méditant ses principes,
Platon avait-il vu ces beautés archétypes,
Charmantes unions de la terre et du ciel?
Aimaient-elles son style empreint d'un divin miel?
Les échos de leur voix, serait-ce l'harmonie?
Le souffle de leur sein, serait-ce le génie?

Ont-elles d'un regard inspiré Raphaël,
Quand il peignait la Vierge et le Dieu d'Israël?
Au creuset de la mort natures épurées
Traînent-elles dans l'air leurs robes azurées,
Lorsque le jour s'efface au vaporeux lointain?
Ces inspirations qui planent le matin
Dans les cieux imprégnés de voluptés sereines,
Sont-ce les purs amours de ces limpides reines?
Magiques déités, sylphides ou péris,
Leur séjour est aux cœurs souffrans ou mal guéris;
De principes divers ineffables mélanges,
L'église les bénit sous la forme des anges;
Si leur bouche, la nuit, d'un baiser parfumé
A déposé le feu sur un front bien aimé,
Cet homme sent en lui descendre une ambroisie,
Aliment qui nourrit la forte poésie,
Les inspirations, les élans vers le beau ;
Et son cœur brûlera comme un sacré flambeau.

Où Shakspeare a-t-il vu ces belles Titanies
Qui, de sa nuit d'été vivantes harmonies,

Perles et douces fleurs, chantent si tendrement,
Brillent de tant d'amour, de charme et d'enjoûment?
Où vivait Juliette? où pleurait Orphélie?
Rousseau, qui te montra la rêveuse Julie?
Byron vous voyait-il quand il vous dessina,
Fraîches créations, Inez, Parisina,
Ardente Gulleyas, toi, naïve Haïdée,
Du démon de ton cœur mollement possédée?

Grands poètes, épris de l'idéalité,
Vous lui prêtiez votre âme et l'immortalité,
Si le souffle de vie anime encor ces têtes,
Sur ce qui n'était pas séduisantes conquêtes,
C'est que, dans une nuit, présent inattendu,
Le céleste baiser sur vous est descendu.

Mais moi, qui dans mes jours chemine à l'aventure,
Charmé du vrai, du beau, de la simple nature,
Moi qui du saint baiser n'ai pas reçu le don,
Parmi mes souvenirs je reste à l'abandon;

De vingt réalités je compose une femme ;
Afin qu'elle aime bien, je lui donne mon âme :
Je peins ; et le passé ressuscite à ma voix ;
Tout ce que j'ai senti, je le sens, je le vois :
On dirait un écho qui dans mon cœur sommeille,
Qu'on lui parle, et soudain il tressaille, il s'éveille ;
Il prend vie, il prend voix, le jeune souvenir,
Et jette des accens qu'entendra l'avenir.

Depuis que je suis né j'ai vu bien des tristesses,
J'ai vu s'évanouir bien de fausses sagesses,
Bien des illusions, fleurs qui tombent toujours,
Quand l'une périssait, se greffer sur nos jours :
D'un souffle de bonheur j'ai l'âme réjouie,
Nulle espérance en moi ne s'est épanouie ;
Toutes, sans porter fruit, meurent avant le temps :
Mais mon cœur bat encore, il espère, et j'attends.

Vous saviez mon espoir, pensives promenades,
Où je rêvais la Suisse et ses fraîches cascades,

En parcourant des bords attristés comme moi,
Mais où mon océan se déployait en roi.
Tel qu'un ami, j'allais aux grèves solitaires
Étudier ses bruits, ses calmes, ses mystères,
Ses mirages du soir, son flux, ses accidens ;
Et lui berçait mes jeux quelquefois imprudens.
Je me souviens qu'un jour j'errais sous une allée
Qui semblait l'oasis d'une aride vallée,
Voisine d'une baie où les flots affranchis
Roulent dans les galets que les sels ont blanchis ;
Le gazon tout jauni, la monotone plage
Et cette immensité rayonnant au rivage,
Et la vague tombant toujours d'un bruit pareil,
Et ces rayons pesans que dardait le soleil,
Me poursuivaient encor.... Assise sur la mousse,
Une charmante enfant m'apparaît, blonde et douce ;
Son âme souriait à travers sa pâleur,
Douteuse expression entre joie et douleur !...
Comme le fin tissu de son écharpe rose,
Près de sa blanche robe avec grâce repose !
Préparée à l'amour sa craintive beauté
De son enfance encore a la naïveté.

Les suaves parfums que l'aubépine exhale
Embaument cette tête élégamment ovale,
Où la virginité se voilant de candeur
Commence à s'émouvoir, et connaît la pudeur;
Dès cet âge où le sein déjà couve une flamme,
La physionomie est le reflet de l'âme.

Une ombrelle repose à ses côtés; sa main
Froisse avec embarras un rameau de jasmin;
Une vieille servante à son fuseau mobile
Tourne ce lin grossier que la pauvreté file,
Je me sentis charmé d'un sourire attrayant :
— Mon Dieu! que l'air est chaud! lui dis-je en m'asseyElle de s'incliner et la vieille de rire ;
Il se fit un silence impossible à décrire.
— Ici quelle fraîcheur! comme l'air attiédi,
Lui dis-je encouragé, du soleil de midi
Se dégage léger et semble être l'haleine
Des fleurs de ces vergers clair-semés dans la plaine;
Elle est bien monotone et triste! mais les eaux
La couronnent au loin de scintillans réseaux.

LA BRANCHE DE JASMIN.

— Y venez-vous souvent? — J'y passe des soirées
A voir des flots émus les langues acérées
Lécher le roc miné de moment en moment,
Ou, calme, réfléchir les feux du firmament.
— Vous êtes bien heureux! J'habite la Saintonge;
Mais j'aime les rochers que le flot baigne et ronge:
Ma mère m'a permis d'aller m'y promener;
Elle m'attend.... — Déjà! quoi! déjà retourner!
A quelques pas d'ici vous n'aurez plus d'ombrage;
Ne partez pas encore, attendez qu'un nuage
Ait voilé le soleil : l'air est lourd et brûlant!
La chaleur hâlerait ce front si pur, si blanc!
C'est l'heure du repos; au chemin, la poussière
Brille comme un ruisseau d'immobile lumière;
Je voudrais voir le ciel doucement obscurci :
Ne partez pas encore; on est si bien ici!
— La servante en filant écoutait ces paroles,
Confiantes, sans art, intimement frivoles;
Le plaisir d'être ensemble inspirait nos propos,
Et je disais, ravi d'un suave repos,
Mes désirs inquiets, mon amour de la gloire,
Opium idéal qu'il est fatal de boire,

Breuvage qui séduit mollement parfumé,
Et sans le rafraîchir court au sein enflammé.
— Dans la jeunesse on va toujours à ce qui brille,
Répondait en rêvant l'aimable jeune fille ;
Je croyais le bonheur au travail attaché,
Comme la violette humble, pur et caché.
Adieu !... J'ai votre nom... — Et le vôtre? — Marie...
Ma mère gronderait.... Adieu ; je vous en prie,
Ne me retenez plus. — Elle se lève et part;
Je suis ses mouvemens, son gracieux départ ;
Trois fois son front vers moi se retourne et se penche;
Je vois, quelques instans, flotter sa robe blanche
Dans les maigres buissons qui bordaient le chemin...
Elle avait oublié sa branche de jasmin.

Heure d'enchantement, fugitive entrevue !
Jeune fille, depuis je ne t'ai pas revue ;
Tu me semblais émue en ton rapide adieu :
Le reste est un secret entre ton âme et Dieu.
Du nom de tes parens tu me fis un mystère ;
Avais-tu dans ton cœur un motif pour le taire?

LA BRANCHE DE JASMIN.

Ou dois-je en accuser, à ton brusque départ,
Ma fascination sous ton charmant regard!
Je me suis, par momens, rêvé ta destinée:
Des fleurs de l'oranger sans doute couronnée;
Devant un prié-dieu tu fléchis les genoux,
Et ton mol embarras fit un heureux époux;
Tes enfans de doux soins vinrent peupler ta vie;
Leurs baisers délassaient ta fatigue ravie....
Tu me parus bien pâle, et ta moite rougeur
Parfois trahissait-elle un mal lent et rongeur!
Du pur bonheur des champs l'indicible rosée
A-t-elle vu fleurir ta santé reposée?
Si par hasard mon nom est venu jusqu'à toi,
Ton cœur s'est-il ému d'un souvenir de moi?
As-tu lu mes écrits? ont-ils, à la veillée,
Attendri ta pensée à demi réveillée?
Mais non, ce souvenir eut le sort du jasmin;
Il a dû comme lui mourir le lendemain.

A L'OCÉAN.

VII.

Qu'elle est belle, Océan, ta majesté sauvage !
Quelquefois, dédaigneux, tu laisses un rivage
Où, comme un jeune amant par l'obstacle irrité,
Tu courtises d'un roc la hautaine âpreté ;
Et posant à ses flancs l'algue qui les décore,
Tu caresses, flatteur ; mais ton amour dévore.

Jetant autour de lui tes bras souples et mous,
Frémissant, tu séduis ou tu grondes, jaloux ;
Si tu parais dormir ton sommeil même ronge,
Et dans les flots un jour le roc descend et plonge ;
Tu t'émeus un instant, puis, tranquille, aplani,
Tu t'avances encor, conquérant impuni.

Me voici de retour, Océan : que je t'aime !
Que de fois j'ai bravé les vents, l'orage même,
La pluie à flots aigus tombant sur mes cheveux,
Pour m'enivrer de toi, de tes terribles jeux !
Debout, les bras croisés, j'aspirais la tempête.
D'autres pleuraient.... Pour moi c'était un jour de fête;
Étudiant les bruits, fasciné par le vent,
J'admirais les fureurs de l'abîme mouvant
Et les longs hurlemens des houles sur les grèves ;
Ou bien, par un beau temps, cherchant de plus doux rêves
Et l'humide fraîcheur de tes eaux, pur miroir,
Où l'étoile au lointain semblait nager le soir,
Me berçant de loisir et du flux monotone
De ce flot expirant qui dans l'algue frissonne,

A L'OCÉAN.

J'allais sur les rochers m'asseoir nonchalamment,
Charmé d'un ciel d'azur contemplé par moment,
Négligeant de penser, plein du repos que j'aime,
Calme, heureux, recueilli, dans l'oubli de moi-même.

Là je me sentais vivre et méditais le temps,
Dont la foule au hasard dépense les instans;
J'étudiais mon âme, être indéfinissable;
D'un doigt inattentif je traçais sur le sable
Quelques vers par la vague en passant effacés,
Et songeant aux mortels, je disais : « Insensés ! »
Solitaire, j'allais, ivre de poésie;
Mais pour de noirs chagrins ma jeunesse choisie
S'épura lentement en d'arides travaux;
J'ai vu dans leurs succès s'exalter mes rivaux,
Et moi j'ai mis un frein à mon instinct suprême;
Je portais en mon cœur le secret de moi-même.

Un jeune homme, toujours comme toi mon ami,
S'effrayait de m'entendre, ardent, mais affermi,

Créer de longs projets ; plus heureux et plus sage,
Il a choisi le port ; moi, j'ai choisi l'orage.
D'un œil accoutumé nous parcourions ce lieu
Où la mer a subi le joug de Richelieu,
Où, sous le feu grondant de nos créneaux antiques,
Malherbe nous lança des foudres poétiques ;
Où, fuyant des marquis les travers et le ton,
Descartes préparait la gloire de Newton.

O charmes toujours frais des jours de la jeunesse !
Qu'alors le monde est beau ! que d'espoir ! quel ivresse!
Que ma vive pensée ornait son avenir !
Océan, berce-moi dans ce doux souvenir ;
Jeunes illusions, rêves brillans de vie,
Noble ardeur de créer toujours inasouvie ;
Hé quoi ! par le réel chaque jour accablé,
Me verrai-je mourir sans m'être révélé ?

Et puis ce cœur qui bat !.. et mon âme à connaître !
Ne saurai-je jamais pourquoi j'ai reçu l'être,

Pourquoi j'erre, en ce monde un instant arrêté,
Traînant le ver rongeur dont je suis tourmenté?
On me dit quelquefois : « Va, l'homme est un problême ;
« Sa fragile raison se brise dans lui-même.
« Nos systèmes fameux, à grand bruit enseignés,
« Se sont, en nous trompant, l'un l'autre détrônés,
« Et nous prouvent enfin quelle erreur est la nôtre,
« Car le sage d'un siècle est un fou dans un autre ;
« Et les hommes alors cherchant la vérité,
« Honteux de leur savoir, d'eux-mêmes ont douté;
« Impuissans à saisir le secret de la vie,
« Jusque dans le bonheur, d'amertume suivie,
« Ils ont, désenchantant nos désirs, nos amours,
« Renfermé l'avenir au cercle de nos jours. »

Malheureux! que je plains votre aveugle démence!
Ne pas trouver un Dieu dans l'océan immense,
Dans ce vaste univers où rien n'est désuni, (1)
Dans les cieux étoilés, portés de l'infini,
Dans l'homme au front sublime et dans l'insecte immonde,
Dans le corps d'un ciron, où Pascal vit un monde;

A L'OCÉAN.

Dans l'espoir des mourans pressentant leur réveil!
Oui, c'est fermer les yeux et nier le soleil!

Pourquoi ne consulter que vos tristes sciences!
N'entendez-vous jamais crier vos consciences?
N'est-il pas des remords terribles aux méchans,
Des malheurs résignés, des amours si touchans,
Des désirs inconnus qui nous portent à croire,
Des élans enflammés et l'amour de la gloire,
Ce sentiment qu'en nous Dieu lui-même a jeté
Comme un instinct mortel de l'immortalité?

Est-ce l'intérêt seul qui de nos cœurs réclame
Ces liens mutuels, tendres besoins de l'âme?
Que de fois on aima sans espoir de retour!
Ah! l'intérêt glacé n'a pas créé l'amour!
Peut-il nous inspirer l'amour de la patrie?
Si nous aimons les bords où l'âme fut nourrie
D'exemples paternels et de sages leçons,
Notre œil est-il épris des bords où nous naissons?

A L'OCÉAN.

Non; tout homme a souvent trouvé dans ses voyages
De plus rians aspects, de plus frais paysages,
Des bois plus imposans, de plus riches coteaux
Qu'un fleuve aux cent détours réfléchit dans ses eaux;
Oui, mais ce n'est point là que, sous les yeux d'un père,
Il sentit la douceur des baisers de sa mère;
Oui, mais ce n'est point là que, variant ses jeux,
Il essaya la vie en s'étonnant des cieux;
Que la première fois, ému près d'une femme,
L'attrait de la beauté lui révéla son âme,
Et qu'il a, sans témoins, en présence des mers,
De lui-même surpris, rêvé ses premiers vers.

Ce génie enivré, dévoré par lui-même,
Rejetant aux railleurs leur stupide anathême,
Byron, aigle du nord, loin d'Écosse emporté,
Qui criait dans les airs : « Aide à la liberté »,
Exilé du pays de sa froide campagne,
Il chante en vers brûlans comme le ciel d'Espagne
La fille aux yeux de feu du pays andaloux,
Rit des pâles beautés dont l'Anglais est jaloux;

Mais il pleure à chanter les monts de sa patrie,
Son Océan, Newstead, vieille et sombre abbaye
Où ses aïeux sont morts, où, durant les hivers,
Il écoutait l'orage et modulait des vers.
Il saluait un jour les vieux marbres de Rome,
Ville des temps passés et qui n'a pas un homme,
Vivante Pompéï dont le ciel est si beau;
Mais il s'arrête en Grèce, il y cherche...un tombeau!
Un tombeau de soldat près de ton harmonie
Vaste et qui doit bercer le repos du génie.

Devant ton mouvement et ton immensité,
Océan, je crois mieux à notre éternité;
Et lorsque l'infini les rejette insensées,
Ton horizon sans borne accueille mes pensées.

Mais déjà vers le doute entraîné par moment,
Et jetant là Rousseau, médité vainement,
Je me suis dit : « La vie est une coupe amère,
L'avenir le néant, notre âme une chimère. »

A L'OCÉAN.

— Puis, saisi des beautés que tu me déployais,
Je regardais tes flots, le ciel, et je croyais !

Ah ! que de poésie à décrire tes scènes,
Tes verdoyantes eaux se prolongeant en plaines ;
A suivre vaguement un navire lointain,
Qui, comme un point, décroît et s'efface incertain !
A dire les accens du pêcheur sur la rive,
Quand des filets remplis le liége enfin dérive ;
Le brick léger sous voile inclinant ses sabords,
Son pavillon au mât, s'échappant de nos bords !
A me sentir encor, moi, nageur intrépide,
Descendre dans ton sein par un élan rapide,
Monter à la surface, et d'un souffle vainqueur
Chasser le flot brisé qui gronde sur mon cœur !
Ou, quand l'onde sommeille et que la lune y brille,
Dans ton réseau d'argent qui sous mes doigts scintille,
J'ai quelquefois songé que, lassé de souffrir,
Je n'aurais qu'à croiser les deux bras pour mourir.

Me rappelleras-tu par ta force secrète ?
Sur tes bords, Océan, aurai-je une retraite

Où ton mobile aspect se déroule à mes yeux,
Riche de tes vaisseaux et de l'azur des cieux?...
Que j'y retrouve un jour mes jeunes rêveries,
Tes flots me les rendront fraîches et refleuries.
Souris-moi, que mon cœur, avant l'âge abattu,
N'ait plus son repentir de croire à la vertu;
Que je sente, en mourant les yeux sur ton rivage,
Ta subtile fraîcheur caresser mon visage,
Et que mon âme y monte, aspirant au réveil,
Ainsi que tes vapeurs aux rayons du soleil !

ÉLISA.

A M. et Mme Daniaud.

VIII.

Il est dans la jeunesse un soleil d'espérance,
Dont les rayons puissans colorent l'avenir;
Un mol oubli du temps, une douce ignorance,
Meilleure qu'un savoir trop prompt à nous venir;

Il est aux jeunes fleurs des gouttes de rosée
Que la chaleur du jour aspire en peu d'instans;
Il est une pudeur aux désirs exposée,
Et de légers duvets sur des fruits éclatans;

Il est une primeur dans les jeunes pensées,
Il est une primeur dans les jeunes amours,
Baume ineffable et pur de nos âmes blessées,
Rêves évanouis qu'on regrette toujours.

En vain pour rappeler ces beaux rêves qu'on pleure
Dans un demi-sommeil on cherche à se plonger,
Des suaves tableaux ce n'est plus déjà l'heure,
Comme on songeait alors on ne peut plus songer.

Oh! revenez à moi, douces, humbles images,
Revenez, pur encens brûlant dans mes amours....
Qu'on aime à se sentir exhaler en hommages
Dont le souvenir seul parfume encor vos jours!

ÉLISA.

Comme on chérit la voix et même le silence
De celle dont on sait la joie et les douleurs,
Vers un destin de fer lorsque le cœur s'élance,
Comme on croit l'amollir en le mouillant de pleurs!

Jusque dans le chagrin que de sève et de vie!
A ses désirs chéris le désir se suspend,
Le plus léger plaisir berce l'âme ravie;
Tout promet, tout revêt le bonheur qu'on répand.

Comme on croit au regard qui vous rit et vous aime!
Que la foi séduisait dans sa tendre candeur!
Elle vivait en moi bien plus qu'en elle-même,
Et qu'elle avait d'amour à se verser du cœur!

Cette âme se versait sur moi, sur sa famille,
Ses amis, ses parens, sur tout ce qui souffrait;
Sur le pauvre qui pleure et la plante qui brille :
D'un rayon idéal son front se colorait.

Elle était blonde et douce ; à la voûte étoilée
Parfois en me parlant elle élevait les yeux,
Et sa touchante voix légèrement voilée
Me semblait un écho du langage des cieux.

Je comparais son calme à ces soirs, quand la brise
N'effleure pas des eaux le limpide miroir,
Tout repose harmonie : aucune vapeur grise !...
Mais l'ouragan peut-être est là comme un point noir.

Qu'un beau ciel de printemps vînt bleuir sur sa tête,
Qu'une robe, une fleur éveillât son désir,
Dans son cœur simple et bon il était toujours fête
Dès que l'affection lui créait un plaisir.

Elle portait au bal, un peu grave en sa joie,
Un attrait de maintien qu'elle ne cherchait pas ;
Et sous la mousseline ou les plis de la soie,
Toujours la modestie accompagnait ses pas.

ÉLISA.

Il faudrait pour la peindre être ingénu comme elle,
Chérir un sort obscur, aimer les coins du feu,
La soirée en famille où le parler ruisselle,
Aimable et bon au cœur comme un premier aveu.

Il faut, pour retracer sa candeur idéale
Et son besoin d'amour, la fraîcheur d'un cours d'eau,
Et les molles couleurs de l'aube matinale,
Puis d'une main naïve y tremper son pinceau.

Non pas qu'elle fût belle à saisir la pensée ;
On ne l'admirait pas, mais bientôt on l'aimait,
On aimait sa raison élégante, sensée,
Et ce charme rêveur que son sein enfermait.

Comment ne pas l'aimer, elle si tendre amie,
Fille si dévouée et docile aux douleurs,
Et qui, par sa tendresse évaporant sa vie,
Souriait à mon rire ou pleurait à mes pleurs ?

Quand sa voix se mêlait aux voix harmonieuses
Des vierges dont le chœur chantait, priait pour nous,
A l'église, incliné sur les dalles pieuses,
Était-ce mon amour qui croyait à genoux?

CHAGRIN.

IX.

Ne me console pas.... M'être sitôt ravie!...
Être exilé de toi!... Déjà ne plus te voir!...
Non, j'attends un espoir comme on attend la vie,
Comme on attend le ciel.... Un espoir, un espoir!

CHAGRIN.

Eh! ne le sais-tu pas, ma pensée asservie
Aux désirs de ton cœur doit être où tu seras :
Va, tu prends ma pensée et tu l'effeuilleras.

Oh! qui? moi, t'oublier! tu le crains, jeune fille!
Peut-on bien oublier son premier cri d'amour,
Ce premier rayon pur qui dans notre cœur brille,
Et ce charme si frais dont s'anime le jour,
Quand le premier aveu dans les regards scintille?
Si tu me fuis.... mon cœur doit être où tu seras :
Va, tu prends mon bonheur et tu l'effeuilleras.

EN
CACHETANT UNE LETTRE.

X.

Quand on a de l'amour que la vie est légère !
Comme l'air du matin caresse bien le front!
Va, pars, de mon espoir touchante messagère,
Des lèvres d'un baiser bientôt te presseront....

Si par mon souvenir elle était poursuivie,
Si sa bouche soudain te sentait tressaillir,
Lettre, si tu gardais quelque peu de ma vie,
Si le feu d'un baiser de toi pouvait jaillir !

DÉSIRS.

XI.

I.

Oh! je voudrais, glissant sur le lac de Genève,
Quand l'aurore s'éveille, indécise clarté,
Écouter flot par flot l'eau caresser la grève,
Épier les soupirs de ton sein agité,
T'animer de l'amour dont mon œil étincelle
Et posant sur ton cœur mon cœur si tourmenté,

Inoculer en toi les flammes qu'il recèle!...
Je voudrais, saluant vos bleuâtres lointains,
Près d'elle vous gravir, rochers de Meillerie,
Suivre dans les vapeurs vos sommets incertains,
Planer sur les torrens avec ma rêverie,
Et, cherchant de Saint-Preux le douloureux sentier,
Tressaillir, retenu par une main chérie.

Rousseau, dans tes écrits ton cœur est tout entier,
Apôtre de l'amour au siècle du scandale;
Devant la foi romaine habile mécréant,
Ta main des libertés jalonnait le dédale;
Quand l'athée au boudoir construisait son néant,
Comme si le néant avait droit de construire,
Tu proclamais ton dieu, notre âme; mais ta foi,
Qu'est-elle? un frein brisé par l'ardeur de détruire.
Que tes cris éloquens trouvaient d'échos en moi!
Les chagrins de l'exil, ulcérant ton courage,
Jetèrent dans ta vie un immense soupçon,
Tu souffris, mais ta voix avait semé l'orage;
La voix de Mirabeau tonnant à l'unisson,

Sublime, remuant la tempête profonde,
Pêle-mêle agita les titres et les droits;
Cet orage a changé l'atmosphère du monde,
Et les trônes tremblans ont mal porté les rois.

Vevai, douce Clarens, par lui vous semblez être;
Vous aviez des noms morts; il les a faits vivans.
De l'air subtil des monts je voudrais m'y repaître,
Y boire du bonheur dans les parfums des vents,
Y boire de l'amour sur ta lèvre embaumée
De ce souffle si doux, philtre délicieux!...
N'être jamais unis, jamais, ma bien-aimée!
Jamais de longs baisers qui nous ouvrent les cieux!

II.

Que je voudrais monter aux sources de la vie,
Voir comme elle en découle, à nos corps asservie,
Mais pour s'en échapper immortelle au moment
Où l'âme jette là son mortel vêtement!

Si l'âme est un néant, ne suis-je pas le maître
De me débarrasser du fardeau de mon être?
Dans quel étroit abîme obscurément tombé,
Le malheur me tient-il d'un bras roide et plombé?
Il me prend à la gorge, et si je me soulève
Comme pour secouer un implacable rêve,
Sous son genou de plomb il me presse, il m'abat,
Il m'étouffe en raillant cet impuissant combat.
Et la foule circule, on sourit sur ma tête,
Des amans, revêtus de leurs habits de fête,
S'inclinent à l'autel en se pressant la main;
Ils passent enivrés, pâles, le lendemain....

Fort bien! Éloignez-vous de mon destin d'ilote,
Dans l'abîme où je suis à quoi sert un pilote?
Mais vienne ton baiser ranimer mes efforts,
Un bond désespéré peut me lancer aux bords;
Peut-être le malheur lâchera sa victime;
Suis-je par son genou cloué dans cet abîme;
Chaque jour un chagrin, chaque jour un affront!
Quelle froide sueur ruisselle de mon front!...

DÉSIRS.

La torpeur des ennuis éteint l'âme engourdie :
Douze heures de travail !... Dans ma tête alourdie
Se brise tout ressort, tout hardi mouvement....
Enfance, il a menti ton beau pressentiment !...
En moi je porte un monde, et rien ne m'en délasse ;
Être tout un long jour captif dans une classe ;
Entendre des enfans qui s'amusent tout bas,
Quand, fatigué, je parle et ne me comprends pas ;
Soulever sans espoir une idée affaissée,
Sentir s'appesantir le jeu de la pensée
Comme un fer qui se rouille à rester au fourreau,
Devenir chaque jour soi-même son bourreau ;
Sans cesse regarder dans un espoir immense,
Voir briser l'avenir d'un amour qui commence,
Avoir trois pieds d'espace et des fers qu'on riva,
Quand on est fustigé d'une voix qui dit : Va !
N'entrevoir qu'en passant la femme qui m'est chère,
Et par crises d'ennui défaillir dans ma chaire,
Quand un petit enfant, d'un air timide et doux,
En monte les degrés en disant : Qu'avez-vous ?

Ce que j'ai ! L'avenir et m'appelle et me brise ,

Cette soif d'un beau nom ne sera pas comprise.
Élisa nous cherchait un plus humble chemin ;
Mais on me la ravit esclave par l'hymen.
Un vent impétueux fait tournoyer mon âme,
Comme un brasier trop vif dont s'agite la flamme,
Qui se tord, se replie et n'a plus d'aliment,
L'amour trahi n'est plus qu'un odieux tourment;
Au désert de la vie étincelant mirage,
Il se dessine, source, oasis, mol ombrage,
Et quand, brûlé de soif, on accourt; sous les cieux,
On n'a plus que du sable et du feu dans les yeux.

J'imposerais un terme à la longue ironie,
Si j'avais le néant au bout d'une agonie;
Mais l'âme ne meurt pas ; quand un chagrin l'abat,
Doit-elle lâchement déserter du combat ?
Dieu punirait mon âme avant l'ordre montée!...
Oh! pour m'anéantir je voudrais être athée !

III.

Oh ! je voudrais de plus douces pensées,
Car un ami me reste en mon malheur ;
Dans les chagrins les âmes affaissées
Versent l'ennui toujours par leur douleur.

Oh! je voudrais l'élégante chaumière
Qu'au bord des flots notre amitié rêva,
Bonheur sans luxe, ombre, pure lumière :
Il la construit; moi, mon rêve s'en va.

Là, des loisirs près de nos jeunes femmes ;
Là, des travaux utiles, honorés ;
Là, des enfans, parcelles de nos âmes,
Parmi les fleurs se jouant dans les prés ;

Là, des récits dans l'herbe des ombrages,
Aux bruits du soir dans le haut peuplier,

DÉSIRS.

Sans que le soin d'impérieux ouvrages
De ces momens tourne le sablier;

Là, je voudrais, tapissé d'une treille,
Un pavillon au bord d'un courant d'eau,
Et les rayons de l'aurore vermeille
Dorant mon bois, harmonieux rideau.

D'amour, de fleurs, j'embaumerais ma vie,
Portant un cœur heureux de se livrer;
Mon Élisa, soucieuse ou ravie,
Viendrait à moi pour sourire ou pleurer.

Là, je voudrais des dîners en famille,
Parfois des chants, des plaisirs purs et vrais;
Là, des adieux où l'œil s'humecte et brille,
Le cœur toujours invente... Oh! je voudrais!...

IV.

Oh! je voudrais, errant de voyage en voyage,
Demander aux débris ce qu'ils savent du sort,
Et s'il est doux et bon, nuit du pèlerinage,
Ton caravansérail où tout mortel s'endort;
J'irais à l'Orient réclamer les supplices
Du Simoun promenant les sables des déserts,
Des voluptés de mort, l'extase, les délices
Dont l'opium est prompt à parsemer les airs....

Mais non, pour affermir une foi qui chancelle
J'élèverais mon âme au Dieu qui donne appui,
J'irais à pied dans Rome attendre une étincelle
Du mystique soleil qui sur le monde a lui;
J'irais où Michel-Ange a lancé sa coupole,
Où Raphaël mourut de génie et d'amour;
Mais Rome ne dit plus de puissante parole,
Et son soleil vieilli ne lance plus le jour. (1)

DÉSIRS.

J'irais vous saluer, murs de la grande ville,
Où les arts ont formé leur multiple faisceau;
J'irais vous demander, bosquets d'Ermenonville,
Le mystère sanglant de la mort de Rousseau,
Et si ma Galathée, immobile espérance,
Au souffle de mon cœur se pourrait animer,
Si le talent n'est rien qu'une avide souffrance,
Et si l'on meurt de peindre ainsi qu'on meurt d'aimer.

Sort, à quand le bonheur dont toujours tu me sèvres,
Élisa viendra-t-elle en mes bras caressans?
Qui l'aime ne saurait l'aimer du bout des lèvres;
L'amour qui part du cœur doit ennoblir les sens.
Comment la mériter? Un jour la renommée
Peut m'ouvrir auprès d'elle une immortalité....
Éteins cette espérance inquiète, enflammée....
La tombe du génie a pour nom Pauvreté.

La pauvreté, cancer qui ronge le courage,
Blessure ouverte au cœur et qui saigne au dehors,

DÉSIRS.

Mot qu'on vous jette au front comme un hideux outrage,
Chaîne dont le bruit seul a brisé tant d'efforts!...
On dit qu'elle est parfois un aiguillon sublime
Qui pousse notre audace aux régions de l'art;
Mais aussi, déchirant plus d'un sein magnanime,
L'implacable aiguillon est devenu poignard.

Je pourrais, choisissant une vulgaire vie,
M'atteler à ces jours qu'on traîne sans désir
Dans la route battue, à la file suivie
Par l'esclave troupeau qui broute le plaisir!
Eh! pourquoi m'élancer vers ce bonheur suprême
Que le réel étroit ne saurait contenir?
Il vaut mieux s'enfermer dans un cœur qui nous aime,
Et regarder à deux l'espoir de l'avenir.

Je n'en ai pas le choix!... Paris est une arène
Où les jeunes talens s'élançant tout armés,
Devant l'opinion, mobile souveraine,
Pour un morceau de pain combattent affamés;

DÉSIRS.

Inquiet, quelquefois le riche les regarde,
Et voyant ces rivaux l'un sur l'autre courir,
Il siffle ou bat des mains en payant bien sa garde;
Pour ses délassemens il faut savoir mourir.

Je n'en ai pas le choix!... Eh bien! ouvrez la lice;
Demi-nu comme vous, jeunes gladiateurs,
J'y descends dans l'espoir d'illustrer mon supplice.
Allons! suivez mes coups, riches, grands, spectateurs,
Oisifs sur vos gradins; vous voyez, mon sang coule;
Je sais que votre ennui de courage est friand,
Je m'ouvre avec audace un chemin dans la foule,
Et vous m'applaudirez si je meurs en riant.

LIVRE DEUXIÈME.

LUTTE.

A PARIS.

I.

Salut, arène illustre, imposante cité ;
Reine des souvenirs, mobile majesté,
      Ta couronne est faite de gloire ;
Les siècles t'ont jeté bien des taches de sang !....
On foule avec respect ton pavé frémissant ;
      On y sent palpiter l'histoire.

Salut, des nations colysée immortel,
Où la gloire a son culte et l'idée un autel
  Que les profanateurs polluent ;
Un nom s'élève ici quand un autre s'abat,
L'avenir s'enrichit des efforts du combat :
  Ceux qui vont mourir te saluent.

Paris, des passions creuset vaste et profond,
Où l'homme de génie en peu d'instans se fond,
  Tu veux des hommes à ta taille,
Qui dans leur veille active apprennent à souffrir
Et pour une pensée osent aussi mourir :
  Elle a plus d'un champ de bataille.

Le siècle dit leurs noms et le néglige après ;
Parfois de leurs convois illustrant les apprêts,
  Mêlés à des clameurs de haine,
Tristes et le front nu, les citoyens en deuil
Jusqu'aux bords de la tombe escortent leur cercueil ;
  Parfois dans la fange on le traîne.

A PARIS.

Il est peu de débris du Paris féodal!...
Dans le Paris de pierre, un Paris idéal
    En agite souvent la poudre;
Ils luttent tous les deux au lieu de s'accueillir :
Les débris ont ici peu de temps pour vieillir,
    Toujours ébranlés par la foudre.

Le Paris idéal change les monumens
Au gré de son triomphe et des événeme
    Tous les partis ont leurs reliques :
Rome a vu monnoyer l'or pur des saints flambeaux;
Les temples sont marchés, les théâtres tombeaux,
    Et les tombeaux places publiques.

La ville qui s'étend, se peuple, s'agrandit,
Et d'un plus jeune éclat sans cesse resplendit,
    Que le monde contemple, admire,
Dont les rois avec crainte écoutent tous les cris,
Ne sera-t-elle un jour que de muets débris,
    Dormant comme ceux de Palmyre?

Et pourquoi pas? le temps, destructeur souverain,
Brise les rois de marbre et les dieux en airain;
　　　Par lui la terre est possédée :
Aux tours des châteaux forts le hibou fait son nid,
Les brins d'herbe ont percé les tombeaux de granit :
　　　Il n'est rien de grand que l'idée.

Oui, l'idée ici-bas est une part de Dieu;
Sans cesse elle s'élève, elle tend vers le lieu
　　　D'où tout descend, l'âme et la feuille :
L'homme s'éteint et meurt comme un rameau flétri,
L'âme porte une idée et l'âme jette un cri
　　　Que toujours l'avenir recueille.

Voici les quais scintillans de fanaux,
　　Qui, serpentant sur les bords de la Seine,
En s'inclinant se mirent dans les eaux,
　　Dont le cours lent sous un ciel noir se traîne;

A PARIS.

Voici les ponts et les hauts monumens
Qu'on voit régner sur un immense espace;
Ils ne m'ont point laissé d'étonnemens,
Et je suis seul dans la foule qui passe.

Oh! ce n'est pas un mouvement d'orgueil!
Humble, je vis en ma vaste pensée....
Mais par instans il faut briser ce deuil;
Vive colombe au ciel pur élancée,
Respire l'air et bois plus de bonheur,
Mon âme, fuis ce néant où nous sommes,
Tout s'évapore et remonte au Seigneur;
La goutte d'eau coule au fleuve des hommes.

La goutte d'eau passe dans le torrent
Inaperçue et sans laisser de trace;
Le peu de bruit que j'ajoute au courant
Sans un écho se perdra dans l'espace;
Mais je voudrais respirer mon matin,
Baigner la fleur qui sur le bord s'incline,

La rafraîchir, vivre de son destin,
Et remonter à la source divine.

Je concevais un radieux espoir,
Mais chancelant sur sa base il s'écroule;
De mon matin le chagrin fait un soir,
Où trouverai-je un appui dans la foule?
Qui comprendra mon talent agité?
Tous ces grands noms refuseraient d'y croire;
Faible lueur, fuis, c'est témérité!...
Tu vas te perdre au foyer de leur gloire.

Mon souvenir ne vous accuse pas,
O Casimir, chantre de Messénie,
Bon Andrieux, qui conseillais mes pas;
J'ai plaint Gilbert, je n'ai pas son génie;
Je restais fier sans plier sous l'effroi;
Je méditais libre en ma solitude:
Dans les beaux arts il faut être par soi,
L'indépendance a fécondé l'étude.

Mon bel espoir est peut-être insensé;
Alors pourquoi l'infini de mon âme?
Pourquoi, pourquoi, pendule balancé
Toujours, sans fin, de la louange au blâme,
D'un vain plaisir au repentir, aux maux,
D'un jour d'ivresse aux cuisantes alarmes?...
La seule mort donne-t-elle un repos
A ce pendule oscillant dans les larmes?

S'il est souvent des nuages bien noirs
A l'horizon des ardentes pensées,
Sombres matins se changent en beaux soirs,
En relevant les plantes affaissées,
Un vent léger fait un jour radieux,
Qui, de la pluie effaçant les outrages,
Vient essuyer l'azur terni des cieux,
Et mollement balayer les orages.

L'AMOUR DU POÈTE.

II.

Qu'il a vite épuisé le réel de la vie
Le poète qui porte une âme inassouvie
De désirs en désirs, sans se désaltérer
De la soif de bonheur qui vint le dévorer!
De la vie à la mort il franchit la distance;
Il voit, en peu de jours, au fond de l'existence :

L'AMOUR DU POÈTE.

Mais alors son génie, à flots purs épanché,
Ranime et rafraîchit le réel desséché;
Il s'en crée un plaisir inquiet, mais immense,
Que son délire absorbe et toujours recommence;
Au feu de sa parole il dissipe l'ennui,
Il rêve des amours inspirés comme lui,
Des fleurs de sentimens, des voluptés suprêmes,
Aux fronts passionnés magiques diadêmes,
Sur les traits adorés auréoles d'amour,
Optiques du bonheur au terrestre séjour.

Sublime désespoir! idéale alchimie,
Par ses créations de soi-même ennemie,
Lasse de voir ce monde et contemplant au ciel
Des anges de candeur, des cœurs exempts de fiel,
Les douant ici-bas d'une immortelle flamme!...

Si le poète épris des beautés d'une femme
Lui chante cet amour; si la jeune houri
Au frémissant hommage a tendrement souri,

L'AMOUR DU POÈTE.

Cet amour est suave; elle écoute étonnée,
Et d'espoir, de pudeur, de grâces couronnée,
Elle se penche au seuil de ce monde rêvé,
Qu'il lui dessine frais, charmant, inachevé;
Elle attache les yeux à ces brillans mirages
Qui viennent en reflets colorer ses ouvrages;
Ils aiment! Elle sent que l'idéalité
Verse un feu créateur à la réalité....
Ils aiment! Leur dédain flétrit ces comédies,
Des chaudes passions menteuses parodies;
Et si par des chagrins leur amour est brisé,
Il revit, souvenir sans cesse électrisé.

L'ARTISTE.

III.

Attacher une foule au vol de sa pensée,
L'animer de son souffle et lui prêter sa voix,
La sentir attentive, ou bruyante, insensée,
Souple comme un clavier qui frémit sous les doigts;
La conduire à son gré, lui verser de son âme,
Soulever tour à tour sa pitié, sa fureur;

Promener sur son front une invisible flamme,
L'embraser de courroux, la glacer de terreur :

Ramener doucement les âmes effrayées
Par des sentiers fleuris d'amour tout embaumés;
Tracer, ouvrir dans l'art, loin des routes frayées,
Quelques aspects nouveaux d'abîmes parsemés;
Voir la rose fleurir sur des rochers sauvages,
Par l'échelle des monts marcher, monter dans l'air;
Méditer l'ouragan qui mange les rivages,
Aux haines des partis rendre éclair pour éclair :

S'envelopper souvent dans un manteau stoïque,
Rire, croiser les bras, calme dans son dédain;
Vaincre, armé d'un ïambe ou du mode héroïque,
Puis se prendre à gémir par un retour soudain;
Gourmander le puissant qui s'enivre en ses joies,
Parcourir le réel, sans y pouvoir tenir,
Et, Colomb idéal, pressentir d'autres voies
Où passeront un jour les siècles à venir :

Soi-même ranimer sa force défaillante,
Aux paroles de Dieu se calmer, se nourrir;
Fatiguer les railleurs dans sa marche éclatante,
Les dompter à sa verve.... et peut-être en mourir;
Telle m'apparaissait la mission divine
De l'artiste qui vient ranimer les vieux jours
En créant des tableaux que son âme illumine,
Et des mots étoilés resplendissant toujours.

LA MAISONNETTE.

IV.

Comme ils ont vite effacé nos douleurs
Tes doux baisers sous nos berceaux en fleurs!

Le chèvrefeuille aux treilles se marie
Sous ce bosquet abri de nos amours;
Je suis à toi, mon Élisa chérie;
Rien de tes jours ne dénoûra mes jours,

Mêlons-les bien; le ciel nous donne fête;
La lune y traîne un magique flambeau.
Oh! laisse-moi goûter ce soir si beau
Dont la fraîcheur s'argente sur ta tête.

Comme ils ont vite effacé nos douleurs
Tes doux baisers sous nos berceaux en fleurs!

Tu vis pour moi, ma gracieuse épouse;
La maisonnette est là qui nous attend;
D'un long retard, ce soir elle est jalouse,
Vois-tu son mur de blancheur éclatant?
Viens; ces lueurs, où le lointain se noie,
Leur mol éclat, nous caressent si bien!
Tant de candeur vit en cet entretien!
Mon cœur a peine à respirer sa joie.

Comme ils ont vite effacé nos douleurs
Tes doux baisers sous nos berceaux en fleurs!

LA MAISONNETTE.

Le soir s'endort dans la brise embaumée,
Les rossignols le bercent de leurs chants;
Une moiteur de parfums animée
Fait harmonie à ces accords touchans,
Le courant d'eau frissonne dans les plantes,
Et la lumière est ici demi-jour;
Notre atmosphère est-elle ivre d'amour?
L'amour pleut-il des étoiles brillantes?

Comme ils ont vite effacé nos douleurs
Tes doux baisers sous nos berceaux en fleurs!

Bénissons Dieu qui nous fait cette ivresse,
Elle s'épure en s'élevant à lui;
Il nous menait par des jours de tristesse
A ce bonheur qui nous charme aujourd'hui :
Tout nous sourit dans notre humble ermitage,
Amis, parens, ce berceau qui te plaît,
Nos gais festins, nos fraises, notre lait,
Et ces loisirs qu'il faut que l'on partage.

LA MAISONNETTE.

Comme ils ont vite effacé nos douleurs
Tes doux baisers sous nos berceaux en fleurs !

Coulez, beaux jours, par des pentes plus douces,
Trop vite, hélas! loin de nous vous fuyez;
Il fait si bon à vivre sur ces mousses,
Sur ces gazons par le vent essuyés !
Salut, salut aux plaisirs nés de l'âme,
Ainsi que nous ils ne vieillissent pas :
Le souvenir rajeunit une femme
Dont la pudeur enveloppe les pas.

Comme ils ont vite effacé nos douleurs
Tes doux baisers sous nos berceaux en fleurs !

AUTOUR
DE NOTRE-DAME.

V.

Souvent, lorsque la nuit descendait sur la grève,
Nous promenions nos pas autour du saint parvis;
L'aspect de Notre-Dame exaltait le doux rêve
Dont le charme naissait sous nos regards ravis.
O puissance de l'âme! ineffable harmonie
Qui retentit aux cieux comme aux plus humbles cœurs;

Lyre de l'Éternel, étoilée, infinie,
Accords enamourés, espoir, charmes vainqueurs,
Voix qui s'infiltre aux voix et les rend plus touchantes,
Feu qui jette au regard plus de suavité,
Nature, est-ce un écho de l'hymne que tu chantes?
Éden, est-ce un rayon de l'immortalité?

Puis, la fraîcheur du soir nous versait du bien-être :
Le bruit de la cité murmurait vaguement,
Les lumières brillaient de fenêtre en fenêtre,
Du quai nous admirions ce vaste mouvement;
Et des mondes parfois méditant la distance,
Nous sentions avec joie en cette immensité
S'abîmer comme un point notre frêle existence,
Voyage qui nous laisse au port d'éternité.
Mais déjà le malheur brunissait notre vie,
Et semblait devant nous étendre un long brouillard;
Souvent elle disait au moindre espoir ravie,
Et puisant du bonheur au feu d'un doux regard :
« Ne sens-tu pas qu'il est une foi qui soulage,
Et de nos tristes jours corrige l'avenir,

Une volupté sainte où l'espérance nage
Vers un céleste abri dont elle a souvenir?
A l'âme qui s'en va la mort donne des ailes,
On les sent quelquefois croître avec le chagrin....
N'est-ce pas, nous fuyons comme les hirondelles
Devant l'hiver du sort sous un ciel plus serein?

Ne nous énervons pas dans la mélancolie;
Ce m'est tout un bonheur qu'entendre tes discours :
Imitons le roseau qui dans l'orage plie,
Nous nous relèverons quand viendront les beaux jours. »

La douceur souriait sur sa lèvre candide,
Son visage était pur comme la mer, le soir,
Quand le vent assoupi d'aucun pli ne la ride;
Et quand elle espérait, moi, j'avais de l'espoir.

Notre-Dame élançait ses aiguilles antiques,
Nos désirs s'inclinaient au pied du monument,

La lune illuminait les ogives gothiques
Où le bruit de nos voix mourait confusément!....
Éternité, néant!... Mais de vieillesse ils tombent,
Les portiques sacrés qu'on admire à genoux,
Et notre âme survit dès que nos corps succombent!
Le néant, c'est le temple, et l'éternité, nous!

AMERTUME.

VI.

Je regarde tomber la neige dans la rue,
Le vent siffle ; le temps est noir :
Quel matin ! on dirait le soir.
La neige fond à l'instant disparue ;
Neige brillante au ciel et fange sous nos pas :
Le ciel est pur, la terre ne l'est pas.

AMERTUME.

J'ai froid, mon feu s'éteint, en vain je le rallume;
 Je le vois un peu s'enflammer,
  Puis il pâlit, s'affaisse et fume,
  Ou brûle.... sans me ranimer.

Quel odieux séjour que la terre où nous sommes!
Dans la fange et le sang se débattent les hommes;
Ceux-ci pour un peu d'or, ceux-là pour des pays
Où par droit de conquête ils se verront haïs!
Jouant à l'échafaud, des ministres pygmées
Pour combattre nos lois rassemblent nos armées. (1)
L'homme vit d'infamie et ne croit plus au ciel!...
Tableaux hideux!... Est-il une coupe sans fiel,
Un désir sans regret, un discours sans mensonge,
Une fleur du printemps sans un ver qui la ronge!
Qui conçoit le bonheur? qui le voit? qui le sent?
Tout plaisir n'est-il pas déjà mort en naissant?
Qu'est-ce que notre espoir? Rien qu'une duperie!
La vie? une implacable et sotte raillerie!....

(1) J'écrivais ceci en décembre 1829.

AMERTUME.

Elle souffre et languit sur un lit de douleur....
Qu'a-t-elle fait à Dieu? pâle, faible, chagrine,
Elle ne conçoit pas encore son malheur;
De longs accès de toux déchirent sa poitrine;
La nuit, point de sommeil, point de repos le jour;
Et son cœur dévoué renferme tant d'amour!...
Ses paroles jamais n'ont offensé personne,
  Elle est si naïve, si bonne
Et si loin de songer à son dernier adieu!
  Jeune encor elle aime la vie :
Un bon livre, une fleur et la voilà ravie!
  Mourir déjà.... Qu'a-t-elle fait à Dieu?

Dès qu'elle voit souffrir elle console et pleure;
Elle a des mots si vrais, talismans des chagrins;
Ses traits sont gracieux, délicats et sereins;
Il en est de plus belle, en est-il de meilleure?
Son regard m'est si tendre et son parler si doux!
A l'entendre conter comme j'oubliais l'heure!
Comme les soirs d'hiver étaient charmans pour nous!

AMERTUME.

Elle aime l'Océan, miroir de sa patrie,
Dont les flots sont changeans, les aspects solennels;
Elle aime mon regard et ma voix attendrie
Quand nous parlons des cieux, des amours éternels;
Elle aime le jasmin, la fraise parfumée,
   Les beaux fruits cueillis de sa main,
  L'espoir d'être long-temps aimée,
Ces jours où le plaisir sourit au lendemain,
Le chant du rossignol sous un dais de verdure
Au printemps qui s'enfuit soupirant un adieu;
Elle attend le dernier des tourmens qu'elle endure
Pour mieux aimer encor... Qu'a-t-elle fait à Dieu?..
Dieu n'est pas ! (1)... le hasard de nos désirs se joue,
Le cri d'amour lui-même est un gémissement;
Le destin est un char écrasant de sa roue
Les hommes sur le faîte élevés un moment.

Dieu n'est pas !... Je te hais, terre, prison infâme !
— Qui veut ma part de jours, mon paradis, mon âme?
Je donnerai le tout sans réclamer le prix;

AMERTUME.

Sur le front du bonheur je crache mon mépris !...
. . . .
. . . .

Il est pourtant des biens qu'on désire connaître,
Des lieux à parcourir qui nous consolent d'être,
Des spectacles si grands de la mer en courroux,
Des levers de soleil qu'on regarde à genoux ;
Il est des bois épais, de limpides fontaines,
Où l'on prie appuyé sur le tronc de vieux chênes ;
La vue est limitée et l'abîme sans fond,
Le savoir de l'orgueil est toujours infécond,
J'en apprendrai bien plus d'un rayon de l'aurore ;
On ne démontre pas ce qu'il faut qu'on adore ;
Il est dans les esprits des lueurs par moment,
Tout essor du génie est un pressentiment ;
Et parfois impuissant à fléchir ce qu'il aime,
L'amour au désespoir a l'accent du blasphême ;
Il est d'humbles séjours où l'on vit innocent,
Où l'on construit à deux le bonheur qu'on pressent ;
Il est de belles fleurs que la chaleur dévore,

Mais qui sous l'arrosoir peuvent renaître encore;
Il est des malheureux à qui tendre la main,
Il est de douces voix qui disent : « A demain »;
Des prières du soir où de Dieu l'âme est ivre;
Il est d'heureux instans où l'on s'écoute vivre,
Des coteaux isolés où l'on s'assied, le soir,
En parlant d'avenir et d'amour.... Désespoir!

LA
DERNIÈRE PROMENADE.

VII.

« Viens, la voiture attend; il fait beau; le soleil
        Brille sur la feuille jaunie;
    Viens, les chevaux d'un mouvement pareil,
Nous conduiront au pas sur la terre aplanie;
Élisa, la verdure est douce à tes regards,
Un air frais te vaut mieux que celui de ta chambre;
        Allons, le soleil de novembre
A de l'éclat encor le long des boulevards. »

LA DERNIÈRE PROMENADE.

Elle a souri ; nous partons en silence,
Le mouvement tristement nous balance ;
De son front affligé s'est éclairci le deuil ;
Le choc le plus léger brise son corps débile ;
Parfois le promeneur, qui s'arrête immobile,
Nous regarde passer comme passe un cercueil.
« Ah ! combien cette rue est longue, me dit-elle.
— Voici le Luxembourg... — Le feuillage est flétri.
Quand reverrai-je l'hirondelle
Raser avec un faible cri
Le sol effleuré de son aile !

Et la voiture allait, attirant les regards,
D'un pas lugubre et lent le long des boulevards.

« Oh ! te rappelles-tu nos douces promenades
Au vallon de Montmorency,
Près d'Enghien dont les eaux guérissent les malades,
A Saint-Cloud, au parc du Raincy ?

LA DERNIÈRE PROMENADE.

— Et quand je vivrais cent années,
Oublîrais-je jamais ces touchantes journées
  Lui dis-je en soupirant. — Et moi !
Tu m'y donnas des fleurs ; je les garde fanées....
— Qu'il était pur cet air respiré près de toi,
Sous ces grands arbres verts, devant l'orangerie
  Embaumée et fleurie,
  En ces réduits épais
D'où fuyait la perdrix, au moindre bruit peureuse,
Où tout semblait espoir, bonheur, fraîcheur et paix !
— Je n'y voyais que toi !.. Comme j'étais heureuse !

Et la voiture allait, attirant les regards,
D'un pas lugubre et lent le long des boulevards.

Rêveuse, l'œil baissé, la main sur la portière,
Peut-être elle pensait avec un vague effroi
Que ce triste chemin conduit au cimetière....
O mon Dieu !... Non ! ses yeux se sont tournés vers moi,
Car mes soins, écartant toute idée affligeante,
Accusent de son mal cette saison changeante,

178 LA DERNIÈRE PROMENADE.

Qui pour vingt jours glacés donne à peine un beau jour
    Non! son regard est brillant de tendresse;
    Non! du printemps elle attend le retour;
      Non! elle croit en sa jeunesse,
En ce Dieu que pour nous a prié son amour;
Elle fait des projets naïfs et purs comme elle :
Elle veut dans les champs épier l'hirondelle;
    Au mois de mai, s'appuyant à mon bras,
Sur l'herbe rajeunie elle affermit ses pas,
Surprend le papillon léger comme une flamme,
Pour une santé douce échange ses douleurs,
Écoute les écrits échappés de mon âme,
S'enivre de la forme et du parfum des fleurs,
Boit un lait odorant qui sous les doigts ruisselle
Quand aux cieux réveillés l'aube à peine étincelle;
Elle veut de ses ans ménager mieux le cours;
Quelques beaux jours ont lui dans son âme ravie,
Elle en désire encor... ces jours là sont si courts!...
Elle veut du bonheur, elle veut de la vie.....

Et la voiture allait, attirant les regards,
D'un pas lugubre et lent le long des boulevards.

LA NUIT

DU VINGT-QUATRE DÉCEMBRE.

VIII.

J'ai fermé les volets, en proie au désespoir;
La neige s'amassait sur le pavé des rues,
Et sous ce froid linceul les tuiles disparues
    Se dessinaient dans un ciel noir.

En essuyant les pleurs qui mouillaient ma paupière
Je vis avec effroi ce ciel lugubre et noir,

Et pour continuer ma pesante prière
  Auprès du lit j'allai m'asseoir.

Oh! comme elle souffrait! Que sa tête chérie,
  Mélancolique, amaigrie,
Tristement retombait sur l'oreiller brûlant!
Que le cours de la nuit était funèbre et lent!...

« Oh! ne t'éloigne pas, mon ami! » disait-elle.
Dans ses douleurs, mourante, elle me souriait;
Les traits déjà saisis d'une roideur mortelle,
Son cœur parlait au ciel et son regard priait....
Sa mère s'affaissait de veilles épuisée;
Près du foyer assis, morne, l'âme brisée,
J'apprêtais la boisson qui soulageait ton mal....
Ton souffle gémissant mourait..... instant fatal!
Un vertige de feu tournoya dans ma tête....
Ta bouche s'est glacée et le souffle s'arrête....
Des sons inachevés....J'écoute...— Rien!.. mon Dieu!
Je crois avoir pourtant surpris ce mot : Adieu!

Je crois ! je crois ! — Ainsi, quand tu quittas la vie,
La douceur de l'adieu me fut encor ravie....
Mais tu me regardais... Oui, par momens, je crois...
Je compose un adieu des bruits sourds de ta voix.

Et le ciel de son âme était déjà l'asile !...
Mais je ne voyais qu'elle en mes bras immobile ;
Elle, qui me parlait, et qui n'a plus de voix !
Elle, qui regardait, et dont l'œil est sans vie,
Mort à ce doux éclat qui m'émut tant de fois !
   Elle, qui m'eût partout suivie,
Elle, qui se plaisait au silence des bois !
Elle, qui par instans, devinant ma pensée,
Achevait ma parole à peine commencée !
Elle, dont j'épousais l'espérance et la foi !
Elle, dont chaque jour ressuscitait le zèle,
   Elle, qui s'oubliait pour moi,
Elle, si dévouée !... Et ce n'était plus elle !

Que j'ai mouillé de pleurs ce corps qui froidissait,

Et qui sous mon baiser déjà se roidissait !....
« Sortez ! me disait-on. — Moi ! non !.. Aidez-moi, fem
L'ardente volonté brille en mes yeux hagards.
— « Qui ? vous, l'ensevelir ! — Ce soin, je le réclame,
Et du linceul faites deux parts. »

A METTRE

SUR UN TOMBEAU.

IX.

Espérez et priez, vous que ce monde blesse ;
La douleur est pour l'âme un titre de noblesse.

RÊVERIE.

X.

Encor si l'on savait le secret de la tombe :
Si l'âme s'élevait, ainsi qu'une colombe,
A travers le ciel bleu, vers cette immensité
Où Dieu jouit du tout et de l'éternité!
Si l'âme, se trouvant sous la forme d'un ange,
S'enivrait à jamais de bonheur sans mélange;

Si, rejetant la coupe où l'on boit tant de fiel,
Les âmes qui s'aimaient se revoyaient au ciel !
Si des mondes roulans l'ineffable harmonie,
La majesté de Dieu, sa puissance infinie,
L'orgueil d'être immortel, de voir créer sans fin,
D'unir son chant d'amour au chant du séraphin;
Si les plaisirs sacrés du céleste domaine,
Qui n'ont pas eu de mots dans toute langue humaine,
Dont notre esprit a soif et qu'il ne conçoit pas,
Se montraient devant nous au-delà du trépas!

LE DOUTE.

XI.

Chanceler sur un sol qui devant nous s'enfonce,
Toujours interroger sans avoir de réponse,
Regarder, contempler, ne pas apercevoir,
Croire saisir l'énigme et n'y rien concevoir,
Oh! c'est affreux! — Eh bien! c'est le destin des hommes!
Ne saurons-nous jamais comment, pourquoi nous sommes,

LE DOUTE.

Où remonte l'accord quand ce luth est brisé?
Sommes-nous un limon qui marche électrisé?....
Chaque pas dans la vie en détruit le prestige,
Et le doute vous prend, tel qu'un brûlant vertige.

O doute, roi sans forme, étrange majesté,
Toi qui toujours dois être et n'a jamais été,
Dont on construit sans fin le trône toujours vide,
Qui trompes à jamais l'œil à jamais avide,
De toi-même ignorant, de toi-même surpris,
Ton royaume bizarre égare nos esprits,
Tels que ces chevaliers acteurs de l'Épopée
Qu'Aristote chantait, folâtre Mélopée,
Perdus en un château peuplé d'enchantemens,
Courent après des voix dans les appartemens;
Ils marchent sans repos, jamais l'espoir ne cesse:
La voix qui fuit toujours les appelle sans cesse.

On entre en cette étude avec un front joyeux;
On en sort le front pâle et le cœur soucieux,

LE DOUTE.

Inquiet, poursuivi par des lueurs funèbres
Qui brillaient à travers ces visibles ténèbres (1)
Où l'orgueilleux Satan qu'on appelle savoir
Dans l'abîme sans fond vous ordonnait de voir.
Eh quoi! Pascal, génie inconcevable, immense,
Eut-il tort d'y plonger sa sublime démence?
Son regard ébloui n'a-t-il pas de plus près
Du lointain avenir approché les secrets?
Est-il rien de plus beau, de plus grand sur la terre,
Que d'aborder de front le terrible mystère
De la mort, de la vie, et (dût-on en souffrir!)
De savoir en mourant ce que c'est que mourir?
Tout le savoir humain tourne sur cette idée...
Céleste Vérité!... nul ne l'a possédée;
Sous des voiles épais, éclatans au dehors,
La vierge en s'échappant s'enveloppe le corps;
On pense la fléchir par des cris, par des larmes,
On lui jette en passant des mots qu'on croit des charmes,
Mais comme une vapeur elle remonte aux cieux,
En nous laissant toujours des plaintes pour adieux.

(1) Milton.

LE DOUTE.

Lorsque la vérité vers l'infini s'élance,
Le sphinx de la mort garde un morne silence,
Sous l'humble croix de pierre ou le marbre doré.
Le secret doit-il être à jamais ignoré ?
Faudra-t-il que l'OEdipe en l'apprenant succombe ?...
Jésus-Christ serait-il l'OEdipe de la tombe ?

LA
JEUNE FILLE DANS LES PRÉS.

XII.

Quand mon cœur s'abreuve de joie,
Pourquoi suis-je prêt à pleurer?
La prairie au loin se déploie
Sous le vent qui vient l'effleurer :
Quel éclat dans cette verdure!
C'est un hymne que la nature!
Pourquoi suis-je prêt à pleurer?

LA JEUNE FILLE

Où vas-tu, pauvre jeune fille?
De bluets pourquoi te parer?
Ton beau front où la fraîcheur brille
Est-il prompt à se colorer?
Que vas-tu chercher dans la vie?
Ta marche légère, ravie....
Pourquoi suis-je prêt à pleurer?

Jolie enfant, tu crois peut-être
Qu'un bonheur viendra t'entourer,
Que jeune fleur n'a qu'à paraître
Pour qu'on désire s'en parer.
La candeur qui tremble et soupire
En la froissant on la respire....
Pourquoi suis-je prêt à pleurer?

Simple, tu crois que la parole
Ne sert jamais à colorer
Le mensonge, vive auréole
Dont l'homme est prompt à s'entourer;

DANS LES PRÉS.

L'amour est ton bonheur suprême;
Comme on le dit, tu crois qu'on aime.
Pourquoi suis-je prêt à pleurer?

Tu dis encor, pauvre et jolie :
Fi du plaisir qu'on veut dorer !
Tu ne sais pas que l'on oublie;
Pourras-tu long-temps l'ignorer !
Au cœur trompé naît l'artifice,
Et du plaisir il tombe au vice....
Pourquoi suis-je prêt à pleurer?

Passe, la plaine est rose et verte,
L'hirondelle vient l'effleurer,
Mais des fleurs dont elle est couverte
Crois-tu qu'un Dieu sait la parer?
Ta main distraite et nonchalante
Brise en jouant la frêle plante....
Pourquoi suis-je prêt à pleurer?

LA JEUNE FILLE DANS LES PRÉS.

Quel âge as-tu? seize ans à peine!
Seule ici pourquoi t'égarer?
Tu cours en tous sens dans la plaine,
Ton chemin, peux-tu l'ignorer?
Ta robe atteste ta misère;
Passe.... Tu n'as donc pas de mère?....
Pourquoi suis-je prêt à pleurer?

LA FIÈVRE.

XIII.

Je sentais des frissons en mes veines courir,
Et parfois on disait tout bas : « Il va mourir. »

La fièvre travaillait ma tête endolorie,
Un nuage pesait sur mes yeux fatigués,

De mes rapides jours la source était tarie....
A mon triste chevet que de soins prodigués !
L'épidémie affreuse à Paris accourue,
Invisible poison, montant de rue en rue,
Allait tordre les nerfs dans les membres glacés,
Et de signes hideux marquait les fronts plissés;
La douleur allongeait la terrible agonie ;
Et la splendeur du ciel semblait une ironie !
On voyait de bourgeons les arbres se couvrir,
Les oiseaux se chercher, les roses s'entr'ouvrir;
La nature prenait ses vêtemens de fête :
Le printemps et la mort planaient sur notre tête.
On avait peur d'aimer, et l'on fuyait, le soir,
Quand passait pesamment le long chariot noir;
La gaîté murmurait de lugubres paroles,
Et nos lilas fleuris balançaient leurs corolles,
Et, le corps amolli par la tiédeur du jour,
On respirait la mort dans un souffle d'amour.

J'allais mourir !... Eh bien ! mon âme inassouvie,
Dans la fièvre, en rêvant, se créait une vie;

Et jamais un destin n'apparut aussi beau.
Le front sur l'oreiller, dédaigneux du tombeau,
Qui s'est fait du bonheur une plus douce image !
Tantôt c'était la mer et tantôt le feuillage ;
Parfois je dérivais couché dans un bateau,
Inondé de lumière et rafraîchi par l'eau,
Rêvant des traits de femme, ange qui m'appartienne,
Et sentant que ma main s'échauffait de la sienne,
Je me disais : « Je meurs ; la tombe, la voilà !
« L'existence m'échappe ; eh bien ! épuisons-la,
« Vivons, par la pensée et par la poésie,
« Une vie à loisir belle, pleine et choisie. »

L'Océan avait vu naître mes premiers vers :
Là, d'êtres à mon gré je semais l'univers ;
J'aimais, j'étais aimé, je comprenais l'ivresse
D'un aveu qu'on surprend au regard qui l'adresse ;
La gloire m'exaltait : un théâtre rempli,
De femmes tout brillant, agité, recueilli,

Redisait mon ouvrage, et mon âme perdue,
Aux lèvres des acteurs tremblante et suspendue,
Cachant mal son effroi, renaissait par momens
Au bruit flatteur et vif des applaudissemens :
Mais la gloire n'est rien, quand elle est solitaire;
Il faut sentir à deux pour aimer cette terre.

    Oh! qu'elle est bien! quel maintien gracieux!
Les élégans contours! que sa tête est charmante!
Un chagrin inconnu se trahit dans ses yeux;
    De ses beaux cils longs et soyeux
La tendresse jaillit humide, étincelante;
    Tour à tour vive et nonchalante,
Ou folâtre, ou rêveuse, elle charme ; sa voix
Suave a des accens qui bercent la souffrance;
Quand le piano vit et chante sous ses doigts,
Chacun de ses accords m'apporte une espérance.

Sa robe, son accueil et ses gants parfumés....
Son écharpe touchée en passant... — un sourire!...
Son blanc mouchoir qui tombe à ses pieds bien aimés...
Et son geste candide impossible à décrire....

UNE FIÈVRE.

La valse....— Quand l'eau dort, la promenade, un soir,
Qui nous vit au rivage errer, puis nous asseoir;
Sa démarche, en un bal, de mon regard suivie....
Un soupir.... — Ces instans qui valent une vie....

Et je sentais la fièvre en mes veines courir,
Et l'on disait tout bas : « Il va bientôt mourir. »

Moi, sans m'en effrayer, et détournant la tête,
Je voyais un autel, une pieuse fête;
On disait : Aimez-vous ici-bas, dans les cieux :
Va, bon prêtre, nos cœurs nous le disent bien mieux,
Et notre appartement sous ces fleurs qu'on respire,
Où le bruit de Paris par les jardins expire....
—Dans l'été la campagne et ces bonheurs des champs
Qui resteront toujours incompris des méchans;
Le pain hospitalier dont ma table est servie
S'offrant au voyageur, qui, pauvre, prend sa vie,

Et bénit, en sortant, les gens de la maison.
Sous l'ombrage égayant ma pensive raison,
Elle chante à mi-voix et raille, la folâtre,
Mon silence auprès d'elle occupé du théâtre....
Boude toujours ainsi ; les pardons sont si doux !
Tiens, moi, qui la grondais, je suis à ses genoux !...
— Mais là-bas sont les morts !.. — Oh ! sa tête s'incline,
Son beau sein agité bat sous la mousseline,
Elle marche rêveuse, et me dit : « Mon ami,
Se réveillera-t-on dans la tombe endormi ?
Est-ce un profond sommeil que notre âme secoue
Quand elle a dépouillé son vêtement de boue ?
Retrouve-t-on au ciel ceux qu'on aime ici-bas ?
L'éternité sans toi !... — Non, je n'en voudrais pas.
— Et le vent frais du soir a déplié son voile.
— Lève les yeux, lui dis-je, interroge l'étoile,
La nature, ton âme, elles te répondront....
Les anges vont au ciel, une auréole au front !
Oh ! que je comprends mieux, assis près d'une femme,
Notre immortalité, sublime instinct de l'âme !
Le cœur s'exalte, on prie, on pleure, on croit saisir...
Et pleurer quand on aime est encore un plaisir.

UNE FIÈVRE.

— Elle dort !.. Qu'il est doux, quand on voit apparaître
Les premiers feux du jour glissant de la fenêtre,
Quand la fauvette chante au milieu des rameaux
De la treille aux longs bras ouverte à mille oiseaux,
Qu'il est doux, poursuivant sa molle rêverie,
D'attendre le réveil d'une femme chérie!

Et je sentais la fièvre en mes veines courir,
Et l'on disait tout bas : « Ce soir il va mourir. »

Moi, je me replongeais en mes vives ivresses,
De l'hymen à longs traits j'épuisais les tendresses,
Inspiré par la fièvre et variant toujours
Ces instans de bonheur dont j'arrêtais le cours
Pour le mieux savourer ! — Dans la femme choisie,
A qui sait bien aimer tout devient poésie,
Une robe nouvelle, un costume de bal,
Son visage éclairé par un jour inégal

Traversant le feuillage, une plume qui joue,
Un trouble d'un moment qui colore la joue;
Un rien qu'on voit, qu'on sent et qu'on ne peint jamai
— Ah! partons!... Du Jura visitons les sommets,
Miroirs étincelans de bleuâtre lumière,
La cascade tombant en humide poussière,
La Suisse, l'Italie au ciel pur, étoilé;
Ce que l'un ne sent pas par l'autre est révélé.
— Albane!.. Raphaël! — Que j'aime la gondole
Qui jette, en rasant l'eau, des sons de barcarole!
— Venise et ses palais!.. Rome et ses grands tombeaux
C'est un vieux manuscrit riche de ses lambeaux!...
— Voici Newstead!.. Byron!..— La France, nos prai
Le printemps qui renaît a des roses fleuries....
Regarde tes enfans, notre amour, notre orgueil,
Au bruit de la voiture, accourus sur le seuil;
Vois-tu le plus petit, dont la tête rieuse
S'anime à ton aspect, tendrement curieuse?....

Et je sentais la mort en mes veines courir,
Et j'entendais partout : « Mourir, il va mourir! »

L'art a sauvé ma vie, et le printemps s'éveille,
Déployant sur les morts sa vivante merveille,
Tapissant les tombeaux de fleurs et de gazon,
Et de tièdes parfums animant l'horizon;
Le fléau va plus loin promener son mystère,
Et de beaux jours encor m'attendent sur la terre ;
Non, le chagrin sur moi n'est pas appesanti,
Et je saurai bientôt si ma fièvre a menti.

Évanouissez-vous, rêves de ma jeunesse,
Il est temps qu'en mon sein un espoir d'homme naisse;
De ce monde idéal où tu fus transporté,
Descends au cirque humain de la réalité,
Jeune gladiateur, combattant l'ironie,
Défends-y les vertus qu'en vain elle dénie,
Pourvu que dans ton cœur qui se confie au ciel
Une céleste voix fasse couler son miel.

UNE FIÈVRE.

Oui, crois-en ce besoin que Dieu mit en notre âme,
Ce que l'intelligence en s'épurant proclame,
Ce désir éthéré qui se lasse ici-bas;
Il est un autre monde, un terme à nos combats,
Une fête éternelle où Dieu même convie,
Un grand mot à l'énigme, un grand but à la vie,
Un sublime repos aux élans de l'esprit,
Un amour, un amour qui jamais ne tarit,
Un port aux affligés affranchis de la crainte,
Par l'expiation une égalité sainte,
Des remords effaçant les erreurs des pervers,
Un hymne universel au Dieu de l'univers !

LIVRE TROISIÈME.

FOI.

UNE
RÊVERIE AU COIN DU FEU.

𝔄 mon 𝔓ère.

I.

J'étais seul, au déclin d'un beau soir de novembre,
Les rayons du couchant se glissaient dans ma chambre
A travers les rideaux d'un rouge étincelant,
Où se jouait du feu le reflet vacillant;

J'étais seul, fatigué d'une étude inquiète,
De ma philosophie, aliment de poète,

UNE RÊVERIE

Lassé de vingt écrits épars autour de moi,
Que consulte souvent un attrayant effroi ;
Le front sur une main, et l'œil fixé sur l'âtre,
Des caprices du feu, mobile, ardent théâtre,
Je voyais s'approcher dans ce demi-sommeil,
Qui n'est point le repos et n'a rien du réveil,
Quand la pensée expire en vague rêverie,
Elle, un être charmant, création chérie,
Fraîche comme un rayon du soleil matinal,
D'un corps harmonieux, souple, pur, virginal,
Naïve en sa pudeur, suave de faiblesse,
Et retournant vers moi sa tête avec mollesse.

Triste, autour d'un fauteuil je la vis voltiger,
Et s'y poser enfin par un essor léger :
— A quoi, m'a-t-elle dit, rêves-tu, solitaire?
— Du bonheur et du vrai je cherche le mystère ;

La science est pour l'homme un abîme profond ;
Il y descend toujours sans rencontrer le fond.

Que de séductions entourent cet abîme !
Et d'abord, sur des fleurs, couché près de la cime,
J'y vis Anacréon, qui, me prenant la main,
Me voulut tout riant retenir en chemin.
— Où vas-tu ? disait-il ; bien folle est ton envie :
Verse-toi du plaisir, seul nectar de la vie.
— Ton plaisir, ai-je dit, meurt avec le désir ;
Où l'âme n'entre pas, est-il un vrai plaisir ?
Elle a des voluptés qu'ignore ton ivresse ;
Et toujours la vertu féconde la tendresse.
Ton fébrile bonheur, que dure-t-il ? un jour.
Moi, j'ai soif, et je veux boire un plus noble amour :
Dis-moi, si tu le sais, où trouver ce mélange :
Le feu des passions animant un cœur d'ange.
Où trouver ce bonheur ?... J'y veux porter mes pas...
— Il me montra l'abîme, et ne répondit pas.

Je m'avançai. Debout, près du vaste cratère,
Je rencontrai Zénon, éloquent, morne, austère :
— Il est profond, dit-il, l'abîme où tu descends !
Prends-y garde, jeune homme ; esclave de tes sens,

Au fond de ses secrets ta vanité veut lire,
Et tu suis de l'amour l'efféminé délire !
Braves-tu la souffrance, et ris-tu d'un malheur ?
Toute forte vertu doit vaincre la douleur.
— Ta farouche vertu, Zénon, n'est pas la mienne ;
Oui, l'homme doit lutter afin qu'il s'appartienne ;
Mais l'instinct du bonheur est l'attrait de ses jours...
Le bonheur ! il l'attend, il le veut, et toujours !...
Il le rêve en des vers, touchantes prosodies,
Il le sent infiltrer au sein des mélodies,
Les bals semblent parfois ses reflets enflammés ;
Tremblant, il le demande à des yeux bien aimés ;
Il s'égare, il gémit, il l'appelle, il succombe,
Et d'un œil alarmé cherche encor dans la tombe !
Zénon, où le trouver ? daigne guider mes pas....
— Il me montra l'abîme, et ne répondit pas.

Alors, sans m'adresser à d'autres consciences,
J'allais interroger l'abîme des sciences,
Quand Platon vint à moi. Sublime, illuminé
D'un rayon de la gloire, orateur couronné,

Il laissa découler sa docte poésie,
En mots harmonieux, cadencée et choisie,
Limpide comme l'eau qui brille mollement
Et remplissant l'esprit d'un long enchantement;
Je croyais que des fleurs, secouant leurs corolles,
Parfumaient en passant ses magiques paroles;
Il parait de l'éclat d'un langage enchanté
Ces mots si beaux : amour, ciel, immortalité.
— O Platon, m'écriai-je, arrête; ton génie
A flots inépuisés m'inonde d'harmonie :
Mais tu parles toujours d'un incertain espoir;
Je suis las d'espérer, Platon, je veux savoir :
Que nous enseignes-tu? Rien qu'une incertitude
Élégante, pompeuse, ornée avec étude;
Ton espérance est vague et j'en suis tourmenté;
On ne t'a jamais dit : voilà la vérité.
Tu chantes un système enivré d'ambroisie,
Mais qu'est-il? un grand doute empreint de poésie.
Où donc est le secret? daigne y guider mes pas...
— Il me montra l'abîme, et ne répondit pas.

Puis je vis défiler le cortége sublime
Des esprits éthérés qui planaient sur l'abîme;
Dans une anxiété qui me glaçait le sang,
J'espérais en ces mots qu'ils jetaient en passant.
Bacon, grave et posé, m'indiquait la méthode,
Et du savoir humain développait le code;
Montaigne souriait, un Horace à la main,
Me répondait : « Que sais-je? » et passait son chemin;
Dans un fait Galilée épuisait son génie;
Newton sondait du ciel l'attractive harmonie;
Descartes dans le doute enfermait le savoir;
Locke de la raison polissait le miroir;
Malebranche, aveuglé de sa propre lumière,
Voyait l'âme partout et niait la matière;
Voltaire les raillait; Helvétius charmé
Proclamait le néant son repos bien aimé;
Rousseau les accusait, impuissant à connaître,
Et n'arrivait jamais qu'à ce tourment : peut-être!
Et lorsque, suppliant, je poursuivais leurs pas,
Tous me montraient l'abîme, et ne répondaient pas.

AU COIN DU FEU.

Eh bien ! alors, dussé-je en être la victime,
Je veux de la pensée interroger l'abîme,
Sur notre entendement promener le niveau,
Le scalpel à la main, déplisser le cerveau,
Et soulever un coin de l'immense tenture
Qui te voile à nos yeux, père de la nature.

Ma compagne rêvait à m'écouter parler;
Puis je vois sur sa joue une larme couler;
Son trouble intérieur à mes yeux se décèle;
Chacun de ses regards me jette une étincelle;
La flamme de son cœur, répandue au-dehors,
D'un indicible éclat animait son beau corps.

— Imagination ! dit-elle, ô fantaisie !
La science dans toi se change en poésie,
Et ces livres fameux qu'autour de nous je vois,
S'éveillent, prennent vie et marchent à ta voix....

Mais prends-y garde, viens à ma voix alarmée;
L'envie et le malheur suivent la renommée.
Viens, le bonheur s'assied dans un humble séjour;
Viens, la religion, n'est-ce pas de l'amour?
Mes paroles sauront, berceuses des souffrances,
En ton cœur apaisé verser des espérances;
Quand, lassés et brûlans, tes yeux se fermeront,
Sur mon sein inquiet je poserai ton front;
Puis nous irons, foulant les fraîches graminées,
Épier du printemps les tièdes matinées,
Rafraîchir ta pensée en leurs simples grandeurs,
Prier, et des brins d'herbe admirer les splendeurs.
Nous irons, par les bois échangeant nos idées,
D'un saint respect de Dieu tendrement possédées,
Et quand le crépuscule expire au firmament,
Confondre nos soupirs et notre enchantement;
L'obscurité des champs à l'âme est bonne et douce,
C'est le nid de l'oiseau tout revêtu de mousse.
Là, notre âme est plus vive à se laisser charmer;
Oui, là, dans une autre âme on aime à s'enfermer;
Il faut, pour qu'un amour profondément nous touche,
Que le cœur donne vie au baiser de la bouche.

— Je me lève à ces mots, tressaillant, transporté;
Mais rien autour de moi, rien que l'obscurité;
En vain avec espoir j'y porte un œil avide,
Le silence régnait, le fauteuil était vide.

Puis, sorti par degré de ce pénible émoi,
Je trouvai l'Évangile ouvert auprès de moi.

DANS

LA VALLÉE DE BIÈVRE.

A ma Mère.

II.

O calme harmonieux, repos qui parle au cœur;
Légers frémissemens des feuilles sur ma tête;
Philtre embaumé des bois, invisible liqueur,
Que j'aspire dans l'air, à l'ombre où je m'arrête;
Ivresse d'un bonheur qui me tient enchanté
De l'éclat amolli de ce beau jour d'été;
  De la nature est-ce la fête?

La brillante saison ! Le jour succède au jour
Sans cesse radieux, imprégné de bien-être;
Le vent dans les taillis se glisse avec amour;
Le saule incliné pleure en caressant le hêtre;
Les arbres sous mes pieds s'abaissant en gradins,
Sillonnant les coteaux, font d'immenses jardins
  Resplendissant de toi, Grand-Être !

Toi, qui vis de ta paix et de ta majesté,
Toi, qui brilles dans nous quand notre esprit est sombre,
Qui revêts le néant d'une immortalité,
Et des mondes flottans sais l'espace et le nombre;
Toi, qui, jetant la force à notre infirmité,
Pour un soupir d'amour donne une éternité,
  Et fais les soleils de ton ombre.

De ce tableau si frais, de ce doux bercement,
De cet éclat divin dont l'horizon s'enflamme,
De cet air qui me verse un mol enchantement,
De ces bruits séduisans comme une voix de femme,

De ce beau jour qui fuit pur et délicieux,
De la sérénité qui plane dans les cieux,
    Rien ne sera-t-il en mon âme?

Oui, je sens le bonheur enfin renaître en moi,
De ce calme brillant j'ai l'âme reposée,
Je pressens l'autre vie, en l'Éternel j'ai foi;
L'espérance verdit par le ciel arrosée....
Si l'on voit ses enfans par nations périr,
La sainte humanité doit toujours refleurir :
    La foi, n'est-ce pas sa rosée?

LES
DEUX ÉCHELLES.

A mon Frère.

III.

Je me disais un jour : — « Allons vers la science,
« Pour connaître le vrai consultons les savans,
« Leurs flambeaux chasseront devant ma conscience
  « Tous ces demi-jours décevans. »
Et je courus vers eux palpitant d'un saint zèle,
Comme si des élus l'hymne m'était chanté ;
Chacun d'eux s'écria : — Ma science est l'échelle
  De l'éternelle vérité.

— Toujours vers l'*inconnu* l'homme cherche une route;
Elle a toujours trompé l'essor de ses talens ?
— Non, à la vérité montant de doute en doute,
  Il l'atteindra par ses élans ;
Chaque œuvre du savoir est un degré sublime
De l'échelle jetée aux espaces des cieux,
Chaque effort du progrès s'enfonçant dans l'abîme
  L'approche toujours de nos yeux.

— Eh bien ! élançons-nous vers l'idéale échelle
Qui portera mon âme en présence de Dieu ;
Je ne veux regarder qu'à sa gloire éternelle,
  Aux autres sciences, adieu !
— Charmant par ses leçons mes heures solitaires,
Je regardais toujours et n'apercevais pas ;
Les premiers échelons étaient tous des mystères
  Sans cesse croulant sous mes pas.

Par quelle loi secrète, en la sphère étoilée,
Les corps s'attirent-ils sans jamais se heurter ?

Dans tes écarts fougueux, comète échevelée,
    Qui te fait descendre ou monter?
Qu'est-ce que se mouvoir? Et par quel phénomène
L'organe est-il à l'âme étroitement uni?
A travers les soleils le regard se promène;
    Mais l'infini, mais l'infini!

Définissez la foudre aux espaces ravie.
Es-tu l'âme du tout, vaste électricité?
Qu'est-ce que ton essence? et qu'est-ce que la vie?
    Qui te conçois, éternité!
Il la faut, monde, ou Dieu (2)!.. Viens, mortel, ou fantôme,
L'horizon qui te luit est-il mon horizon?
Tu mesures les cieux, mais qu'est-ce qu'un atome?
    L'atome écrase ta raison.

Abaissez ce savoir, qui toujours se prolonge,
Des systèmes vers nous rapprochez mieux le seuil,
La vérité d'hier est aujourd'hui mensonge;
    Tout se brise sous votre orgueil.

Quel échange offrez-vous au tourment que j'affronte?
L'échelle est si mobile en vos tristes débats!
Si vers les hauts degrés vous voulez que je monte,
  Placez les échelons d'en bas.

  L'amour a de brûlantes ailes
  Qui le soulèvent vers la foi;
  Les espérances immortelles,
  Royaume où le cœur seul est roi,
  Apparaissent à la pensée,
  Qui se féconde et s'enrichit,
  Et si l'âme s'est desséchée,
  La prière la rafraîchit.

  Sachez consulter la science,
  Mais en limitant son pouvoir;
  Regardez dans la conscience,
  Des vérités pur réservoir :

LES DEUX ÉCHELLES.

Les passions à la surface
En tourmentent la pureté ;
Attendez que l'orage passe,
Et qu'elle ait sa limpidité.

La vérité qui se révèle,
Et qu'on sent émaner de soi,
Forme les degrés de l'échelle,
L'échelle sainte de la foi :
L'amour est la première base,
Où l'esprit s'élance excité ;
La mort est l'immobile extase
Qui nous montre l'éternité.

Jacob, endormi sur la pierre,
A vu les degrés radieux
S'enfoncer, solide lumière,
A travers l'infini des cieux ;

LES DEUX ÉCHELLES.

Des anges aux lieux où nous sommes
Descendaient d'un vol fraternel ;
Ils parlaient aux âmes des hommes,
Et remontaient vers l'Éternel.

LES VOIX DE LA SOLITUDE.

A Virginie.

IV.

Déja la nuit s'étend comme un immense voile ;
Mon œil, de monde en monde et d'étoile en étoile,
Dans le céleste azur dont l'éclat s'est terni,
Monte, monte et s'arrête aux bords de l'infini ;
Les étoiles, des cieux brillante poésie,
Et les fleurs exhalant leur subtile ambroisie,

Et ce calme vivant des belles nuits d'été,
Dont le cœur seul conçoit la sainte volupté,
Et ces bruits s'éteignant dans un vaste silence,
Et ces hauts peupliers qu'un vent léger balance,
Et ces frissonnemens qui meurent dans les bois,
De mon âme agitée ont réveillé les voix,
Voix d'espoir, voix d'amour, pleurs, cris d'inquiétude,
Dont les touchans échos sont dans la solitude.

O Byron, ton malheur fut d'être méconnu; (1)
Ton chagrin fermenté, trop long-temps contenu,
Ouvrant, volcan divin, ses laves d'harmonie,
De sarcasmes, d'amour, embrasa ton génie.
La nature est un livre immense et solennel,
Les cieux à mon amour racontent l'Éternel;
Mon âme, éther pensant, au tombeau croit survivre:
La mort est le combat qui toujours la délivre;
Et ma prière en pleurs, s'élevant vers le ciel,
Lui demanda souvent une coupe sans fiel.
Mon humble poésie est encore inconnue,
C'est un feu qui sommeille irrité de la nue;

Et prêt à s'échapper en rapides éclairs,
Pour briller un instant.... et mourir dans les airs;
Et toi, ta poésie étincelle en blasphêmes
Lancés contre la terre et contre les cieux mêmes;
Ton éloquent dédain, se jouant des mortels,
A raillé l'existence et l'espoir des autels,
Et n'a vu dans la femme, esclave et frêle idole,
Qu'un frivole instrument de ton amour frivole.
Oui, mais ton vers s'anime et semble frémissant,
Poète, tu versais des pleurs en maudissant;
Oui, mais ton désespoir est un tourment sublime,
Et ton regard avide, interrogeant l'abîme,
Recommençait toujours à mesurer le fond :
Ton délire lui-même est un aveu profond.

Sur ta vie, à plaisir, on a versé le blâme,
Et ta vie agitée erra comme une flamme;
Un cœur tel que le tien devait être nié :
Ne pouvant te comprendre, on t'a calomnié.
Au souffle du malheur tu devins une lyre,
Des envieux obscurs, irritant ton délire,

Ne te pardonnaient pas ce génie enflammé
Et ces élans de feu dont tu fus consumé.
Cachés dans une intrigue où rampait leur malice,
Pour chacun de tes jours ils créaient un supplice;
De tes brillans destins un jour ils t'ont chassé,
Dans la vie au hasard alors tu t'es lancé;
Mais tu restes toujours immense et beau génie,
Poète électrisé de verve et d'harmonie,
Peintre idéal et vrai par tes chaudes couleurs,
Qui promènent la vie au sol jonché de fleurs;
Créateur inspiré de ces vierges si belles
Qu'un ange pour les voir eût replié ses ailes,
Fût descendu vers nous. Satirique vengeur,
D'un fier mépris armé, cachant ton mal rongeur,
De mots sanglans au front tu marquais tes victimes,
Les clouant à jamais au carcan de tes rimes :
Mais si tu dis l'amour par un meurtre souillé,
Ton vers de pleurs réels semble toujours mouillé.

Aussi, de tes ennuis serviles plagiaires,
Que d'auteurs, s'arrangeant des maux imaginaires,

Sans jamais les sentir, imitent les douleurs,
Et ne peuvent rimer qu'en s'abreuvant de pleurs :
Sur ces pleurs de nos jours leur nullité spécule;
Ils ont presque rendu le chagrin ridicule.

Il est pourtant des cœurs blessés profondément,
Qui dans la poésie épanchent leur tourment!...
Mais moi qui du génie ignore les mystères,
Je cherche par instinct les ravins solitaires,
Pour distiller en pleurs ce deuil qui vit en moi,
Allégement d'un cœur qui remonte à la foi
Et va se dépouiller de son incertitude;
Lors, j'écoute ces voix, sœurs de ma solitude,
Près de l'étroit balcon où, le soir, je m'assieds,
Ayant le ciel pour tente et des fleurs sous mes pieds,
Ou dans ces prés rians coupés d'un mol ombrage,
En plis capricieux ceignant mon ermitage.
Parfois je les entends sous les arbres d'Aulnay,
Et quand, d'une auréole entourant Fontenay,
Le soleil, se couchant dans la pourpre qui change,
Vient à reflets divers illuminer la frange

Des nuages jetés comme un rideau mouvant,
Qui se plie et déplie, entr'ouvert par le vent;
Graves, douces au cœur, interrogeant mon doute,
Ces ineffables voix me parlent et j'écoute,
Et comme la rosée au ruisseau tarissant,
Le calme dans mon cœur goutte à goutte descend.

Voix de la Poésie.

Viens, viens; sans moi tous les plaisirs s'effacent.
Ne jouer qu'au réel est un vulgaire jeu;
Pourquoi te tourmenter de ces ennuis qui passent?
  Du haut du ciel vivre est si peu!
  Viens; l'infini c'est mon domaine;
Ma robe c'est l'azur qui se colore aux cieux :
  J'anime toute forme humaine,
  Et l'éclair jaillit de mes yeux.

Je te promènerai sur les Alpes neigeuses,
Comme un enfant chéri qu'on guide par la main,

Les édens d'Orient et les mers orageuses
T'ouvriront à ma voix un splendide chemin.
La fleur et l'Océan auront des voix aux grèves
Où tourne la mouette, où l'alcyon descend.
D'idéales beautés je peuplerai tes rêves,
Et tu seras doué d'un parler frémissant.
Mon souffle donne vie, et ma grâce est féconde :
J'ai créé la sylphide et la fraîche péri;
A l'ombre d'un lichen je puis trouver un monde;
Ma jeune fée apaise un amour mal guéri,
La voix de mon Orphée en chants divins expire
Sur des flots où son luth a flotté gémissant,
Car j'ai chanté des lois à tout naissant empire,
Qui m'a légué sa gloire et des noms en passant.
Viens, je te donnerai des visions étranges,
  Suaves comme un jeune amour,
  Radieuses comme les anges,
  Pures comme un rayon du jour.
  Tout d'une magique auréole
  A tes yeux se revêtira,
  Et le charme d'une parole,
  Mélodie enivrante, ira

Réveiller ces échos de l'âme,
Qui s'animent quand une femme
Y jette un mot qu'on retiendra.
Je ferai de la vie une sublime idée,
Fertile en plaisirs vrais, glorieux, éthérés ;
Et ta jeune âme possédée
Par des tourmens chers et sacrés,
Ivre de voir et de connaître,
En ses efforts s'exaltera,
Et par degrés s'élèvera
Aux sources divines de l'être.

La Voix de l'Ambition.

Jeune homme, garde à toi ! Ces brûlantes chimères
Dévorent tous les cœurs qui s'en laissent charmer.
Garde à toi ! Ne suis pas ces bulles éphémères ;
Dans un cercle de mots ne va pas t'enfermer.
La poésie est là, magnétique mirage,
Qui pénètre le cœur d'un bien-être énervant ;
N'y regarde pas trop avant.

LES VOIX DE LA SOLITUDE.

Il faut à ses projets façonner son courage,
Aller, toujours aller sans prendre de repos;
L'air est tout imprégné de merveilleuses flammes,
C'est l'heure de servir un vaste festin d'âmes
      A la gloire de nos drapeaux.
Mais non : il faut lutter autour de la tribune ;
Que de talens masqués y viennent discourir
Pour un instant d'éclat, pour un jour de fortune !
Il faut toucher au but, fût-ce pour y mourir !
Du temps de l'Empereur je remuais des trônes,
Je m'abreuvais de sang, je vivais dans le feu;
Au tapis vert du sort je jetais des couronnes,
Mais on savait mourir, la vie était l'enjeu.
Je n'ai plus maintenant que de mesquines luttes,
Des émeutes hurlant, des drames, des concours,
Des ministres froissés de leurs grotesques chutes,
Et d'ennuyeux duels pour d'ennuyeux discours.
Si le sang a tari dans mes illustres plaines,
Si les canons béans dorment sur les hauteurs,
J'ai de l'or, j'ai des croix, je marche les mains pleines:
Après la tragédie, il me faut les sauteurs.
Je veux, toujours je veux, rien ne me rassasie.

Goutte d'eau tu coulas au torrent des trois jours,
Viens prendre des leçons d'utile apostasie;
Quand les peuples sont las, on redore les cours.

Les Voix du Monde.

— Au ciel pour toi l'Éternel m'a choisie :
Viens, j'ai le front pur et beau de candeur;
Mon chaste amour se revêt de pudeur,
De mon baiser la vivante ambroisie
Embaumera notre pudique ardeur;
Je bercerai ta douce poésie.

Un art senti, le demi-jour,
Des soins coquets créés par l'âme;
Un jour d'absence, un long retour,
Sous l'ombrage qui nous réclame,
Ta voix douce en chantant l'amour,
Ou brillante comme une flamme;

De gais enfans jouant sur nos chemins,
En secouant leur tête fraîche et blonde;

LES VOIX DE LA SOLITUDE.

Des jours de fête ayant des lendemains,
Le souvenir peuple une table ronde;
Le vrai bonheur est si près de nos mains!
Trop désirer, c'est épuiser ce monde.

Dans mes bras je te bercerai;
J'espérerai tes espérances;
Si tu pleures, je pleurerai,
Je souffrirai de tes souffrances;
Si tu chantes, j'écouterai;
Je croirai toutes tes croyances.

Voici la danse!
Sur le parquet
Valse en cadence;
Que ce bouquet
Brille et s'agite
Sur ce beau sein

Qui bat si vite!
Léger larcin,
Divin prestige,
Accords charmans,
Joie et vertige,
Gais mouvemens,
Regard qui prie,
Regard qui ment,
Agacerie,
Charme et tourment,
Éclat, tendresse,
Autour de toi
Le bal caresse;
Viens, viens à moi.

Voix du Ciel.

Viens à Dieu, viens à Dieu! Les divines largesses
Seules ont fécondé vos humaines sagesses;
Sans lui tout est néant, par lui tout refleurit,
Il donne chaque jour des forces à l'esprit;

Chaque fois qu'il respire, il crée, et sa pensée
Met en marche toujours la nature lassée ;
De l'infini des cieux son regard fait le tour,
De son sein entr'ouvert coule un torrent d'amour.

Aime ton Dieu, combats; ta vie est une lutte :
On peut se relever plus grand après la chute ;
Il est beau de tomber en de si hauts combats,
On n'en ramasse point les palmes ici-bas.
Laboure le présent, sème-s-y tes pensées,
Elles pourront germer long-temps ensemencées,
Un soleil à venir peut mûrir tes leçons ;
D'autres mains après toi cueilleront les moissons.
N'entends-tu pas des voix au fond de ce silence,
Dans cette majesté qui sur toi se balance,
Dans l'essor éloquent des astres, dans la nuit
Où brillent les adieux d'un beau jour qui s'enfuit;
Aux pleurs du rossignol, plaintives mélopées
De verdure et de fleurs vibrant enveloppées ?
Ces voix, ces tendres voix ont la douceur du miel,
Mais leur terrestre amour n'est qu'un écho du ciel !

Heureux qui, pressentant la splendeur infinie
Du fleuve du bonheur qui coule à l'autre vie,
Promptement fatigué de nos mondains plaisirs,
Pour les désaltérer y lance ses désirs !
Heureux qui, de la foi méditant le mystère,
Dans le cœur d'une épouse, habile solitaire,
Cultive l'humble enclos tracé par ses aïeux,
Élève ses enfans dans la crainte des cieux,
Et s'exerce aux vertus : les vertus sont les ailes
Qui rapprochent les cœurs des voûtes éternelles !

RÉFLEXION.

V.

Il est toujours matin au monde des idées;
Quand un soleil s'y couche, un autre à l'horizon,
Dissipant les vapeurs de ses feux possédées,
Jaillit comme un captif qui brise sa prison :
Il est toujours matin au monde des idées !

AU

ROITELET DE LA CABANE.

VI.

Oh! ne t'envole pas! pour moduler un chant,
Mon gentil roitelet, je suis dans ta chaumière;
Va, retourne à ton nid; je ne suis pas méchant,
J'y respire de mai la douceur printanière.
Déjà ce lieu m'est cher, souvent j'y puis venir,
Mais j'y serais distrait, vois-tu, par tes souffrances;

Retourne sur ton nid, je rêve à l'avenir ;
Petit, couve tes œufs, et moi mes espérances.

Pour ne pas t'effrayer, tiens, j'y rentre à pas lents ;
L'espace est bien étroit, mais il peut nous suffire.
Éteins tes petits yeux de peur étincelans,
Je me tiens immobile, à peine je respire ;
Je n'ai point contre toi quelque mauvais dessein,
J'aime ce lieu, j'y viens méditer nos souffrances,
Son repos embaumé pénètre dans mon sein.
Petit, couve tes œufs, et moi mes espérances.

Reviens donc ; près du seuil tu voltiges, léger,
Sur les pailles du toit déjà tu te balances,
Tu t'enfuis, tu reviens, essayant le danger ;
Joli sylphe emplumé, tu bondis, tu t'élances.
Viens, je ne bouge pas pour calmer ton émoi :
Viens, j'apprivoiserai tes timides souffrances.
Te voilà dans ton nid, et je médite, moi !
Petit, couve tes œufs, et moi mes espérances.

Va, nous nous entendrons : toujours avant la nuit
Je sortirai d'ici; j'aime à voir disparaître
Le disque du soleil dont la splendeur s'enfuit,
Laissant de beaux reflets, jour qui semble renaître;
Là, les illusions me reviennent charmer,
Je n'ai plus souvenir de mes jeunes souffrances;
Autant que j'aimerais, je crois qu'on peut m'aimer.
Petit, couve tes œufs, et moi mes espérances.

Je ne me suis pas dit dans un stérile orgueil :
« Mon feu ranimera notre foi presque éteinte. »
L'hôte nouveau se tient humblement près du seuil;
Des folles vanités il n'a plus l'âme atteinte,
Car le premier souvent peut être le dernier :
Dieu brise d'un regard nos vaines assurances,
Au trésor de la foi j'offrirai mon denier.
Petit, couve tes œufs, et moi mes espérances.

LE CHRISTIANISME.

VII.

I.

Tibère, au sein de Rome, égout pompeux du monde,
Cuvait ses voluptés et sa puissance immonde ;
Sa triste majesté se nourrissait de sang,
Et dès qu'il soupçonnait, nul n'était innocent ;
Les vices dominaient sur les vertus honnies ;
Mais la pourpre tombait aux sales gémonies,

Et la plèbe en haillons, d'un mépris souverain,
Conspuait en passant ces demi-dieux d'airain;
Ses crocs injurieux les traînaient dans la fange.
Là, de cent nations s'agitait le mélange
Comme un vin qui frémit dans un vase brûlant;
Là, passaient des Verrès tout fiers d'un or sanglant;
Sur des coussins persans la courtisane impure
Au Cirque promenait un œil plein de luxure
Du fier patricien au vil gladiateur;
La matrone achetait les baisers d'un acteur,
Les perles d'Orient ornaient ses laticlaves,
Pour nourrir ses poissons on tuait des esclaves,
Et plus d'un affranchi, de nard tout parfumé,
Mêlait les pleurs du monde au Falerne embaumé :
Aux cœurs vils, des trésors et d'infâmes délices;
Aux nobles cœurs l'exil, les cachots, les supplices;
Et, juste, condamné, mais non pas abattu,
Thraséas expirait coupable de vertu;
Un sénat sans pudeur, prompt à la servitude,
Du soin de se flétrir semblait faire une étude,
Et son César honteux remuait d'une main
Ce mobile bourbier qui se disait Romain.

Et l'impie, égaré dans sa folle impudence,
D'un ton blasphémateur niait la Providence.
Des choses d'ici-bas Dieu lui semblait absent ;
Mais dans Jérusalem le fils de Dieu descend,
Tendre, simple de cœur en prêchant sa doctrine,
Semant par les chemins sa morale divine.

Il allait enseignant la tendre charité,
La dignité de l'âme et son éternité,
La prière, la foi, le pardon des injures ;
Comment des affligés on guérit les blessures,
Et comme on doit verser sur le front bien aimé
Son amour le plus pur et le plus parfumé. (1)
Il allait colorant ses douces paraboles ;
Les foules recueillaient le grain de ses paroles.
Il allait en tous lieux priant et bénissant ;
Puis sur le mont Thabor, calme, resplendissant,
Il recevait de Dieu l'inspiration sainte,
Du temple profané purifiait l'enceinte,
Et de sa mission parcourant les dangers,
Confondait les docteurs, touchait les péagers,

S'avançait pas à pas à travers ses tortures,
Patient sous les fouets déchirant ses blesssures,
Trahi, vendu, raillé, sous sa croix chancelant,
Buvant le fiel, frappé par une lance au flanc;
Heureux de ses douleurs qui rachetaient la terre,
Et sur le Golgotha consommant le mystère.

II.

Tombe sur l'univers, tombe, manne céleste;
Apôtres, répandez vos paroles d'amour,
Priez, prêchez, mourez; le ciel vous doit le reste :
    Rayons de Dieu, lancez le jour!

Allez, semez partout les lois du saint prophète,
De l'élu du Très-Haut, du Fils de son amour;
Allez, qu'à votre aspect la lumière soit faite....
    Rayons de Dieu, lancez le jour!

III.

A genoux, à genoux ! la chapelle Sixtine
Resplendit d'un génie inspiré par la foi ;
A genoux, à genoux ! la parole divine
Semble ici prendre un corps et vivre devant moi.
Les gothiques vitraux jettent ces demi-teintes
Et ce jour recueilli qui sait nous consoler,
Où les âmes souvent par la douleur atteintes
Vers un monde meilleur espèrent s'envoler ;
Éprises des beautés de ces saintes images,
Le soir elles s'y vont consoler en rêvant,
Aux vapeurs de l'encens suspendre leurs hommages
Qui montent dans les airs sur les ailes du vent.

Sur les fronts inclinés tracez la croix de cendre,
Pour le salut de tous Jésus-Christ se donna,
Au terrestre tombeau vous allez tous descendre;
Mais vous en sortirez aux chants de l'hosannah.

Dans les brillantes basiliques
Les fidèles sont réunis,
Et leurs hymnes mélancoliques
Émeuvent les arceaux bénis;
L'esprit de Dieu vient dans l'enceinte
Souffler la joie ou les douleurs;
Planez sur eux, prière sainte,
Volupté rêveuse des pleurs.

IV.

Effaçant les erreurs de ses nombreux lévites,
La doctrine du Christ en son destin pieux
Doit toujours déployer un règne sans limites,
Qui, commençant au ciel, s'accomplit dans les cieux;
Des temples profanés sanctifiant les dalles,
Elle a du serf en pleurs prêché la liberté,
Dominé les blasons de nos tours féodales,
Et semé l'univers de son égalité.
Gloire au Christ ! Sa puissance est l'urne intarissable,

Un mystère fécond qui ne s'épuise pas,
Un océan d'amour où l'homme est grain de sable,
Où tout siècle en tombant met l'empreinte d'un pas.
Gloire au Verbe divin ! sa croix partout s'élève !
Son éclat croît sans cesse, il domine le jour,
Et de la guerre enfin il brisera le glaive,
En fécondant les cœurs de son immense amour.

FIN.

NOTES.

LIVRE PREMIER.

Les Tapisseries.

(1) « Du haut du reposoir notre évêque adoré. »

Laurent Paillou, qui a laissé à La Rochelle de touchans souvenirs de son épiscopat. Je n'oublierai jamais la physionomie patriarcale et pleine de douceur de ce vénérable vieillard. Il se promenait d'ordinaire, les après-midi, sur les bords de la mer : je l'y rencontrais; et quelquefois il m'adressait la parole, tout enfant que je fusse encore.

(2) « C'est de l'égalité le redoutable apôtre. »

Napoléon a été l'instrument de la Providence; il construisait la tente de son despotisme militaire, qu'il devait replier pour aller mourir sur un rocher. Il était impossible que l'idée qu'il représentait tînt long-temps debout, chaque jour abandonnée, isolée enfin des sympathies nationales; comme Antée il reprit force et génie en touchant le sol de la patrie attaquée par la coalition européenne. Mais sa chute m'a confirmé dans cette pensée qu'un système n'a de durée qu'autant qu'il est l'expression à la fois universelle et une des besoins de tous. Il propagea presque involontairement, et par une force providentielle cachée, le principe évangélique de l'égalité, tout en cherchant à fonder une noblesse qui pouvait dire à l'ancienne aristocratie :

« Vous finissez vos noms; nous commençons les nôtres.... »

Aujourd'hui il n'y a de possible que l'aristocratie

de l'intelligence; celle-là ne saurait jamais être héréditaire. Au reste, j'aime à retrouver l'unité de nos opinions; voici comme je m'exprimais, en 1826, dans une petite brochure poétique, un de mes premiers essais :

« L'œil fixé sur la carte, un compas à la main,
« Les bras croisés, le front incliné, mais serein,
« A l'éclat des flambeaux qui dans l'ombre rayonnent
« Sur l'or de ces lambris, que des aigles couronnent,
« Quand la garde au-dehors pleure sur nos revers,
« Un homme veut encore ressaisir l'univers.
« Cet homme, qui lassa les cent voix de l'histoire,
« Sur un trône sanglant fut porté par la gloire;
« Il croyait en lui-même, adorait ses désirs,
« Le glaive était sa loi, les combats ses plaisirs;
« Il défia quinze ans la foudre vengeresse,
« Et quinze ans la Victoire entretint son ivresse.
« Sa voix dans ses guerriers titrés par leurs exploits,
« A l'Europe tremblante allait chercher des rois.
« Médiateur du monde, il eût pu toujours l'être,
« Si de son âme ardente il eût été le maître :
« Mais sur la foi du sort qui préside à ses jours,
« Comme il vainquit sans cesse, il crut vaincre toujours,

« Et son vaste génie, ivre du rang suprême,

« Ayant dévoré tout, le dévora lui-même. »

Plus loin je le peignais, suivant le récit de M. le baron Fain, s'empoisonnant à Fontainebleau, et je disais :

« . . . . . Le voilà, le vainqueur de vingt rois,
« Le voilà sans couleur, sans mouvement, sans voix!
« Lisez-vous sur ce front que la sueur inonde
« La sombre majesté sous qui trembla le monde?
« Brillent-ils dans ces yeux par la douleur éteints,
« Ces regards où des rois ont cherché leurs destins?
« Quand il régnait au Louvre et commandait à Rome,
« Vous en fîtes un dieu; voyez, il n'est qu'un homme.
« Il ébranle sa couche, en proie à ses fureurs :
« Sa vie eut des chagrins, sa mort a des terreurs.
« Que les feux du poison lentement le dévorent!
« Vous gémissez, guerriers! Ces larmes vous honorent.
« Il a soif!... Un peu d'eau dans son sein enflammé
« Va nourrir les tourmens dont il est consumé.
« Il s'agite, se dresse et tombe; son haleine
« De son sein en sifflant ne s'exhale qu'à peine.
« Brisé par la souffrance, il retombe et s'endort.
« Ce sommeil serait-il le sommeil de la mort?

« Parmi d'épais brouillards poursuivant sa carrière,
« Le soleil à nos maux refusait sa lumière ;
« Le héros, étonné de vaincre le trépas,
« Se réveille et s'écrie : « Oui !... Dieu ne le veut pas ! »
« Il veut que l'univers de ta force s'étonne ;
« Il place ton exil plus haut que ta couronne. »

Je le peignais enfin revenant de l'île d'Elbe, dictant des proclamations sur le pont de son brick, et encore incertain du titre qu'il prendrait en rentrant en France.

« Je ne sais quel projet animait son visage ;
« Attachant à la mer un œil fixe et rêveur,
« Une main sur son glaive et l'autre sur son cœur,
« Il sondait l'avenir ouvert à sa pensée.

« Va-t-il, ne relevant que sa gloire abaissée,
« Vaincre l'Europe encore, en changer tous les rois,
« Ou rendre aux nations leurs infaillibles droits ?
« Consul, veillera-t-il à notre délivrance ?
« L'ère des libertés renaîtra-t-elle en France ?

« Le voile des nuits tombe, et les flots azurés
« Réflètent du matin les nuages dorés ;

« En mobiles réseaux la lumière étincelle

« Sur l'onde qui toujours fuit et se renouvelle ;

« La nature a senti son éternel soutien ;

« Napoléon pensif regarde et ne voit rien.

« Il conserve long-temps sa rêveuse attitude ;

« Ses traits inattentifs peignent l'incertitude.

« — Terre ! — Il semble à ce cri sortir d'un long sommeil,

« Il cherche au loin ce bord coloré du soleil.

« La terre !... — Ses soldats, guéris de leur souffrance,

« Se tiennent embrassés en s'écriant : La France !

« Des pleurs coulent.... — Patrie, amour pur et sacré !

« Quel est le cœur d'airain où tu n'es pas entré !

« Les cris suivent les cris, l'ivresse accroît l'ivresse ;

« Napoléon sortant du groupe qui le presse :

« — Venez, Bertrand, dit-il ; je suis sûr du succès,

« Mettez : « Napoléon, empereur des Français. »

(3) « Et tout dort immobile autour des pyramides. »

Il y a porté le mouvement et les germes de civilisation qui commencent à se développer aujourd'hui. Il semble que son épée fût la charrue providentielle du progrès.

Un Brouillard sur la Charente.

« Lorsque soudain sur la Charente. »

J'ai plus d'une fois observé cet effet de brouillard au clair de lune sur la Charente, qui est fort encaissée auprès de la petite ville de Civray, entourée de sites pittoresques. J'ai conservé un souvenir agréable de l'affabilité des habitans et de mes collègues. Ma mélancolie naissait de l'impossibilité où j'étais alors d'aller cultiver les lettres à Paris; j'usais mes jeunes années en des travaux pénibles.

A l'Océan.

« Dans ce vaste univers où rien n'est désuni. »

Plus on étudie la nature, plus on comprend que tout se lie dans la chaîne universelle des êtres; les antipathies même sont des résultats nécessaires dans l'harmonie générale, et elles y contribuent, comme les contrepoids en mécanique contribuent à l'équilibre des mouvemens. Ainsi le mal lui-même est un bien relatif; le bien et le mal sont les deux instrumens sociaux de la Providence.

Désirs.

(1) « Et ton soleil vieilli ne lance plus le jour. »

Une religion n'a eu de puissance qu'autant qu'elle a été le centre d'où la lumière et la vie se sont répandues dans la société; dès qu'elle perd cette influence, elle est en décadence. Ainsi voyons-nous le mahométisme décroître en Orient, et le brahmisme de l'Inde commence à s'infiltrer de quelques unes des croyances chrétiennes. Je crois que le christianisme doit se répandre dans l'univers; c'est une croyance qu'on aime à partager avec des hommes d'un mérite éminent, avec un esprit aussi distingué que M. Jouffroy. Il a compris que l'éclectisme, qui était l'objet de ses premiers cours, ne pouvait rien fonder. L'école philosophique de M. Cousin est désormais purement scientifique et en dehors des influences sociales.

Le catholicisme, qui a droit au respect comme foi intérieure, doit subir une réforme ou dépérir lentement. Quoi qu'il arrive, il entrera graduellement dans le nouveau système chrétien, qui, selon mon opinion, sera à la fois une extension, une application, et par conséquent une révolution sociale.

LIVRE DEUXIÈME.

Amertume.

(1) « Dieu n'est pas.... »

Ce cri de désespoir est démenti par les vers qui suivent. Il est impossible qu'un homme doué de raison soit athée un quart d'heure : l'athéisme me semble même impossible; Dieu et l'âme sont au fond de tous les systèmes. Ainsi, Spinosa, s'efforçant de tout ramener à une unité qu'il puise dans la nature même, est obligé de la diviser en *nature naturante* et *nature naturée*. Qu'est-ce que c'est que cette *nature naturante*, à laquelle il accorde l'action créatrice, conservatrice et préservatrice, sinon l'intelligence suprême que non seulement les chrétiens, mais presque tous les peuples reconnaissent en se rapprochant de la civilisation, et en abandonnant successivement le fétichisme, l'idolâtrie, le panthéisme et les autres religions qu'on pourrait classer selon le degré des lumières répandues dans les sociétés diverses qui peuplent le globe? Le christianisme me semble être la religion qui favorise le plus efficacement le mouvement intellectuel et social, qui est l'essence de la perfectibilité humaine; ainsi il doit absorber les autres religions. Ce sont là des assertions que les limites d'une note ne me permettent pas de prouver; mais la tendance de cette impulsion universelle est visible. Voyez les progrès que les différentes sectes font dans les deux Amériques, au sein de l'Afrique, où s'élancent de jeunes missionnaires à travers mille dangers; voyez l'Allemagne et déjà la France approfondir les questions et les espérances d'avenir que la religion du Christ renferme; voyez, déjà commence une révolution dans le brahmisme ; partout éclatent des symptômes évidens d'une fusion de toutes les religions dans une foi dont le principe divin doit diriger les progrès de l'humanité.

LIVRE TROISIÈME.

Les deux Echelles.

(1) « Il la faut monde ou Dieu ! »

Tous les systèmes s'efforcent de remonter à l'origine des choses; les philosophes de tous les pays, de tous les temps, ont mis en jeu successivement toutes causes matérielles ou immatérielles pour expliquer la création de l'univers : les uns ont pris pour agent le feu, d'autres l'air ; ceux-ci l'eau, ceux-là des affinités animées cherchant et trouvant cohésion par un concours inopiné de circonstances ; des parcelles intelligentes ou passant à l'état d'intelligence par mutations successives ; des atomes attirés par une force attractive balancée elle-même par une force de disjonction ; un fluide électrique, une substance nervo-ganglionnaire : on a essayé de tout pour expliquer ce qui est ; et les systèmes ont abouti à une intelligence supérieure gouvernant l'univers. Il est impossible d'obtenir une solution satisfaisante sans elle ; on va toujours à Dieu, quelque part qu'on aille à travers la philosophie.

Le Christianisme.

« Son amour le plus pur et le plus parfumé. »

Il y a dans l'action de la Samaritaine versant des parfums sur la tête du Christ, un symbole d'amour idéal dont la forme est tout orientale.

FIN DES NOTES.

TABLE DES MATIÈRES.

Préface . . . . Page 1
Introduction 9

LIVRE PREMIER.
ILLUSIONS.

Premiers souvenirs. 23
Les Tapisseries 33
Les Toits 47
Brouillard sur les bords de la Charente 55
La Pierre-levée 67
La Branche de Jasmin 75
A l'Océan 87
Élisa 99
Chagrin 107
En cachetant une Lettre 111
Désirs 115

TABLE DES MATIÈRES.

LIVRE II.

LUTTE.

A Paris..................................	Page 131
L'amour du Poète........................	141
L'Artiste................................	147
La Maisonnette..........................	153
Autour de Notre-Dame...................	159
Amertume................................	165
La dernière Promenade...................	173
La Nuit du 24 Décembre.................	179
A mettre sur un Tombeau................	185
Rêverie..................................	189
Le Doute................................	193
La jeune Fille dans les prés.............	199
La Fièvre...............................	205

LIVRE III.

FOI.

Une Rêverie au coin du feu..............	219
Dans la vallée de Bièvre.................	231
Les deux Échelles.......................	237
Les voix de la Solitude..................	245
Réflexion................................	261
Au Roitelet de la cabane.................	265
Le Christianisme........................	271
Notes...................................	281

FIN DE LA TABLE.

www.ingramcontent.com/pod-product-compliance
Lightning Source LLC
Chambersburg PA
CBHW071244160426
43196CB00009B/1159